JULES JANIN

LE TALISMAN

PARIS
LIBRAIRIE DE L. HACHETTE ET Cie
—
1866

LE TALISMAN

IMPRIMERIE GÉNÉRALE DE CH. LAHURE
Rue de Fleurus, 9, à Paris

LE TALISMAN

(L'OPALE)

PAR

M. JULES JANIN

PARIS

LIBRAIRIE DE L. HACHETTE ET Cie

BOULEVARD SAINT-GERMAIN, N° 77

1866

Droit de traduction réservé

A

PAUL BAPST

LA MAISON DU TRÉPORT

Ami Paul, ma force et mon appui, j'ai pensé que peut-être auras-tu quelque plaisir à recevoir de ton vieil ami un témoignage public de son attachement, et voilà pourquoi, d'une main reconnaissante, j'inscris ton nom à la première page d'un petit roman de peu de chose, écrit, il y a déjà deux ans, sous le toit hospitalier de tes chers et dignes parents.

Cette aimable maison du Tréport que ton bon père a bâtie au bord de l'Océan, dans une lande qu'il a découverte un des premiers, n'est pas bien ancienne encore, et pourtant elle contient déjà toute une histoire.... Les années s'en vont si vite au pays des songes! A peine, ici-bas, nous avons le temps de contempler le paysage et d'entendre au loin gronder la mer bruyante. Et tout de suite, hélas! tout s'arrête et disparaît.

Entre autres journées belles et charmantes, passées sur ce rivage aimé des bonnes gens, je me rappelle un jour plein de joie et de grâce ineffable. On entendait chanter sous la tente qui les abritait, de joyeux enfants, le printemps de l'année. On voyait passer vives et légères les deux ou trois plus belles fillettes que le Tréport ait possédées. Assis sur le pas de sa porte, Halévy, ce doux maître, murmurait à sa fille Esther une chanson nouvelle; au milieu de ses cinq petites muses aux cheveux d'or, humides encore de l'onde amère et semblables aux Océanides chantant leur cantique, le traducteur de *la divine comédie* achevait *la comédie enfantine*. En ce moment aussi je corrigeais la dernière épître d'Horace, mon poëte, un travail de trente années, le loisir de mes heures clémentes, et je m'appliquais à moi-même (orgueil d'un instant!) le *non omnis moriar*.... « Je ne mourrai pas tout entier ! »

Cependant, tout au loin, on entendait, âme en peine de l'idéal, une artiste admirable, une digne élève de Chopin, qui disait sur un piano d'Érard la *symphonie pastorale*.

Il n'y avait, sur cette heureuse plage, que beauté, jeunesse et joie intime :

> L'été vint, et l'on vit sur le bord de la mer
> Fleurir le chardon bleu des sables.

Certes, on eût cherché bien loin, par ces belles heures du mois de juin, un endroit mieux habité, et plus charmant que cette plage du Tréport.

Ces beaux lieux nous racontaient à la même heure, d'autres passagers dont ce vaste paysage avait gardé le souvenir.

L'un des nôtres, âme austère, esprit bienveillant, notre exemple aux jours de doute, et notre conseil dans les temps malheureux, Saint-Marc Girardin, lui-même, avait écrit sous le toit des Bapst, ses cousins, de belles pages, rêvées à l'ombre des vieux arbres du parc voisin. Ces grands chênes, de royale origine, qui avaient abrité tant de passions, de grandeurs, d'amours passagères, ne s'étaient point étonnés de cet écrivain assis à leur ombre et contemplant le vaste horizon.

Hélas! le vieux parc est désert; le château est abandonné; les cygnes des bassins sont retournés vers les régions du Nord; les habitants et les images de ces demeures silencieuses ont franchi, de nouveau, cet océan « traversé si souvent dans des appareils si divers, et pour des causes si différentes. » Tout est sévère et sérieux dans ces jardins naguère remplis de mille récits, contemporains de Louis XIV, de la grande Mademoiselle et de M. de Lauzun.

Donc, c'est justice que les poëtes qui passent dans ces lieux désolés s'en viennent saluer l'ombre errante de ces majestés d'un jour! — Si vous redescendez au doux village par ces longues plaines de la prudente et sérieuse Normandie, à travers ces vergers de l'âge d'or, au murmure enchanté de ces ruisseaux jaseurs, tout à coup se dresse, aussi haute que le ciel, une immense falaise contemporaine du premier déluge ; à peine si le regard peut atteindre à ses sommets blanchis par les âges, et couverts d'une épaisse verdure.

Eh bien, qui le dirait? L'ami que nous pleurons, le témoin glorieux de notre jeunesse et de notre âge mûr, le beau rire et l'esprit généreux qui partagea, trente ans, nos labeurs de chaque jour, Armand Bertin, le digne fils de ce grand vieillard, que M. de Chateaubriand appelait son maître, et que M. Ingres a fait immortel, il venait chaque année demander à ce rivage quelques heures d'allégeance. Il s'est reposé, si rarement, avant le repos funèbre! Il était si content aussitôt qu'il avait gagné la belle et bonne maison, où il était reçu comme un fils. Qu'il était heureux de ce loisir d'un instant! Il n'était plus le même homme.... il était le même esprit! Son noble front respirait la joie, et ses yeux éblouis demandaient, à l'aspect de tant de beautés naturelles et de ces flots d'une majesté paisible, s'il n'était pas le jouet d'un rêve heureux ?

Couché sur le sable, oubliant, oublié, pas un passant ne se fût douté qu'il avait sous les yeux l'un des politiques de ce siècle, un des meilleurs juges de l'honneur, du mérite et du talent parmi ses contemporains.

Comme il était content de ce vaste espace et de ces champs joyeux! Comme il respirait à pleins poumons cet air salutaire! On l'eût pris parfois pour le pâtre Alphaesibée, imitant la danse des satyres en cette églogue de Virgile. Un jour même il voulut monter au sommet de la falaise effrayante, et il réussit dans son entreprise, avec grande peine il est vrai, mais d'en bas on lui criait : courage! Lorsqu'enfin il eut touché à ces cimes voisines du ciel, il nous appelait et nous défiait à son tour, de sa voix sonore.

Moment ineffable et douloureux quand on vient à se dire : ici, pour la première fois de sa vie, Armand Bertin eut l'ambition de monter au-dessus de tous les hommes! Ce roc escarpé fut le premier et le dernier échelon de sa gloire. Ici même, sur ces hauteurs, il a donné, pour la première et la dernière fois, un démenti à sa propre sagesse. Il s'était tant promis de vieillir dans la modestie, et le voilà, cet Encelade, escaladant le ciel!

Que de fois, depuis ce jour sans lendemain, avons-nous cherché, dans ces herbages la trace puissante de cet homme dont l'esprit était si rare ! A sa suite arrivaient les pas légers de sa chère femme, amenant avec elle ses deux beaux enfants, dont l'aînée est devenue pour ton heureux frère une épouse, et pour toi-même une sœur.... Que ces bonheurs ont passé vite ! Au bout d'un an Mme Armand Bertin, dans tout l'éclat de la vie, est morte en appelant son cher Armand ! Un an après, à la même heure, et par la même nuit funèbre, Armand mourut à son tour, en appelant sa chère Cécile !

A peine s'il était malade ; il t'avait gardé près de lui, pour que la nuit fût moins longue. A deux heures du matin il se lève et s'en va chercher, dans sa bibliothèque, un des livres qu'il aimait le plus. Tout à coup il pousse un cri, il remet le livre à sa place.... il était mort ! Ta main filiale a fermé les yeux de ce frère de notre cœur. Depuis ce temps, je t'ai adopté, à mon tour, en te priant de m'aimer un peu, par souvenir d'Armand Bertin qui t'aimait tant.

Souvenance à la fois charmante et lugubre !

O joies bien commencées, mal finies! Ce grand musicien dont je te parlais tout à l'heure, Halévy, lui aussi n'avait que peu de jours à vivre, et sa fille Esther, que toutes les mères enviaient à sa mère, Esther à peine hors de l'enfance, a retrouvé le chemin du ciel! Heureux, ce pauvre Halévy, d'avoir échappé, dans cette tombe ouverte avant l'heure, à toutes ces douleurs!

Naguère encore, le Tréport recevait une visite illustre entre toutes, et c'était encore un hôte de ta maison. L'hiver sévissait dans toute sa fureur....

En dehors, blanc d'écume,
Au ciel, aux vents, à la nuit, à la brume,
Le sinistre Océan jetait son noir sanglot.

C'est l'hiver! Plus de fêtes, plus de jeux, plus de bruits d'enfants, plus de voyageurs qui passent et plus de *Comédie enfantine*, et plus de chansons aux dieux faunes : « Leste amoureux de la nymphe errante, ô mon Faune, arrivez d'un pas clément dans nos humbles domaines aimés du soleil! » C'est l'hiver! Les chants ont cessé; le ciel est de fer; les enfants sont partis avec les oiseaux; la bise envahit le domaine attristé; le chêne en vain résiste à l'Aquilon. Les rares habitants de ces parages désolés se cachent, évitant avec soin de traverser ce rivage lamentable. On n'entend que l'orage, on ne voit que décembre.

Ah! matelot malheureux (cet hiver encore ont péri vingt pêcheurs et cinq barques du Tréport!), quand chaque matin ta frêle carène, jouet des flots, s'en va chercher le pain de chaque jour, tu regrettes, les visiteurs de tes falaises, les belles malades que tu plongeais dans les flots salutaires les petits enfants que tu portais sur ta rude épaule brunie au soleil! Va donc chercher ta vie.... et la perdre, au milieu de cette immense désolation!

Ce fut par le jour le plus sombre et la tempête la plus terrible que cet homme, jeune encore, arrivait au Tréport, tenant à son bras une belle et vaillante compagne, au front chargé de cheveux noirs, qui semblait défier la tempête. Ils étaient suivis de leur compagnon, le fidèle Médor, hôte attristé de cette Sibérie.

On eût dit, à les voir passer, l'exil d'Ovide chez les Sarmates; mais Ovide allant seul, sans sa femme et son chien; « là il était le barbare. »

Au Tréport, le nouveau venu sera compris des plus rustiques. Les pêcheurs aiment les poëtes, ils honorent l'écrivain; l'artiste ne leur déplaît pas. Ils comprennent que ces créatures singulières sont peu dangereuses, et qu'elles vous acceptent, aussitôt que vous les aimez un peu. Cependant, l'inconnu arrivé sur ces grèves désolées, par ces longs sentiers couverts de givre, et cette jeune femme à son côté, cherchant ta maison exposée aux tempêtes du nord, étonnaient les habitants de ces rivages.

« Au fait, se disaient-ils, ce sont des voyageurs perdus sous ce ciel de nuages! Arrivés ce soir, sans doute, ils repartiront demain.... » Chacun les plaignait; mais lorsque, le lendemain et les jours suivants, ces deux hôtes firent leurs dispositions pour passer l'hiver dans ce logis, bâti pour les jours de la belle saison, quand ils virent blanchir la fumée au-dessus de l'étroite cheminée, et la nuit, par les fenêtres closes, filtrer un rayon de la lampe à travers les volets fermés, ces rudes voisins de l'Océan finirent par ne rien comprendre à l'obstination de l'inconnu dans une maison qui leur semblait inhabitable en ce moment.

Il avait l'attrait, sa femme avait le charme, et pas un habitant de céans ne les voyait avec indifférence; au contraire, ils admiraient tant de courage et de patience. — Elle allait et venait, leste et contente ; il sortait moins rarement. Si, par bonheur, un rayon venait à percer la nue, il quittait sa tâche, un fusil à la main ; sa main était ferme et son regard était juste. Mais quoi? Pas d'autre oiseau que ces grands oiseaux blancs et tristes, semblables à des élégies. L'oiseau portait une cuirasse ; il volait très-haut, jusqu'à l'église, assise, impassible, sur le cap des Tempêtes. Le plus adroit chasseur eût bientôt renoncé à tirer sur ces fantômes.

Un jour, l'albatros, frappé d'un plomb mortel, tomba dans le vaste bassin, et l'étranger, sur le refus de son chien, qui redoutait l'eau salée (on racontera cet exploit jusqu'à la fin des âges), se jeta dans la mer, et ramena le bel oiseau qui se débattait encore.

Une autre fois, quittant l'Océan, l'inconnu

s'enfonçait dans la forêt, mais souvent il oubliait les lapins dans leur terrier, pour jeter sur ses tablettes les vers qu'un vrai poëte, en son chemin, rencontre sans les chercher. Il rentrait, à la nuit tombante, son carnier vide et son carnet plein. Ces jours-là comptaient pour ses bonnes journées. Avant de s'exiler dans ces ténèbres, il s'était donné sa tâche à lui-même, et sur sa parole d'honneur il s'était juré de l'accomplir! Sinon, il ne rentrera pas dans ce Paris, dispensateur de la gloire, et plus sévère, à mesure que le poëte a grandi.

A cette tâche ingrate et glorieuse, il avait voué une part de sa vie. Il aimait la gloire, et depuis déjà dix années il l'avait négligée, oubliant qu'elle diminue, aussitôt qu'elle n'augmente pas. Ces grands inventeurs sont condamnés à donner la vie à tant de héros, le mouvement à tant d'actions si diverses, le sourire à tant de belles ressuscitées, l'exécration à tant de crimes dont le poëte est le vengeur!

Ils marchent, comme autrefois M. de Sully, lorsqu'il promenait ses grands souvenirs, précédé et suivi de ses vieux gardes du corps, la hallebarde à l'épaule; ils vont, à leur but lointain, entourés des visions de leur esprit. L'histoire est pour eux comme un vaste tombeau tout rempli de têtes coupées et de restes sans nom. — « Ossements arides, je vous animerai de mon souffle, et, grâce à moi, vous revivrez. »

O misère! ô grandeur des temps qui ne sont plus! Telle était la double ambition de cet homme errant dans la tourmente : rajeunir sa renommée et réparer sa fortune. Il avait, pour satisfaire à sa double envie, appelé la solitude sans rémission; il avait voulu que le monde entier l'oubliât, afin de porter à son retour un coup violent dans l'admiration du genre humain.

Génie et beauté, quelle association plus complète? Il avait la force; elle avait l'espoir, un grand et légitime espoir dont la joie inondait cette âme agissante et sereine. Leur grande fête était de revenir par la pensée et par l'espoir, la jeune femme aux fêtes de Paris, dont elle avait été la reine un instant; le poëte, aux tièdes soleils du ciel natal. Qu'ils seront heureux de revoir le Rhône aux grandes eaux qui se perd dans la Méditerranée éclatante!

Avec quelle joie et quel orgueil, l'obstacle étant franchi et leur tâche accomplie, ils reviendront sur la montagne et dans la maison déserte où la mère du poëte expirait en bénissant son illustre fils! Lieux charmants, ces oasis du Dauphiné où décembre est si doux, où les orangers fleurissent au mois d'avril!

Notre exilé voulait rentrer chez lui avec une gloire nouvelle, et précédé de ces grands bruits que fait le drame applaudi par les mains souveraines de la foule, avec des larmes, et souvent des remords.

Si le rêve était beau, le but était difficile et lointain. La nécessité même de faire un chef-d'œuvre ajoutait une peine inconnue au travail de cet esprit singulier qui ne connaît pas la hâte, et laisse à lui venir l'inspiration sans la forcer.

Combien d'heures désespérées suspendirent ce rude labeur d'un poëme inachevé auquel ces deux existences étaient attachées! « Le Dieu! voilà le Dieu! » .... Vaine attente!... En ces moments stériles, où l'idée est absente, où rien ne vient du cerveau qui s'endort, le malheureux se désespérait. Il remplissait de sa plainte la terre et le ciel; il maudissait les hommes qui le forçaient à dépenser sa vie à ce travail plein de trouble. — « O mon Dieu! Je suis perdu, disait-il, je suis perdu! Rien ne bat plus dans ma tête et dans mon cœur. Je cherche en vain l'éloquence et ne trouve que l'emphase; le bruit sans forme a remplacé la passion! »

Moment douloureux, doutes cruels, abîmes sans fonds;... puis soudain, quand son désespoir est au comble, le poëte entend de nouveau chanter les oiseaux bleus venus de l'Ida; il s'enivre à la claire fontaine où la Muse a puisé, où la Grâce a lavé ses pieds charmants! Tout refleurit pour lui dans les jardins de l'idéal; sa tête est en feu, son regard est plein de larmes. Les rois, les héros, les amoureuses, race immortelle, répondent à son évocation toute-puissante! Il voit, il sait, il croit! Sa foi transporterait la montagne; sa science en fait l'égal des dieux.

Mieux que l'historien, il devine, il comprend les accidents de l'histoire, avec tant d'admiration pour les vrais courages, et tant de pitié pour les grands malheurs! Rien de plus respectable et de plus sincère qu'un grand poëte. Il règne; il gouverne; il contemple; il est le maître absolu dans ses adorations, dans ses mépris. Inflexible en ses vengeances, sa colère est un trésor inépuisable, et sa justice n'a pas de limites. Voilà par quelles épreuves a passé ce rêveur sur les bords du sombre océan.

Mais enfin, Dieu soit loué qui ne veut pas longtemps de ces rudes épreuves! Il y eut un jour où tout s'éclaircit autour de la nouvelle tragédie. Le drame et le rayon apparurent à la même heure dans ce cerveau qui s'apaise, et dans le ciel doucement réjoui. Le printemps se montra d'abord sur l'océan calmé; l'arbre en repos se couvrit des premières fleurs de la saison nouvelle; on entendit de nouveau le bruit du zéphir et le chant de l'alcyon.

Cependant, le poëme immortel où s'étaient rencontrés ces douleurs, ces amours, ces peines, ces remords, avait pris la belle forme athénienne et trouvé le pur accent des tragédies! Tout grandissait dans la campagne renaissante, et tout s'achevait dans le drame, en pleine lumière. A la même heure apparut, les mains pleines de fleurs, le mois de mai, cher à Virgile, adoré du poëte Horace, et chanté par le divin Lucrèce. A la même heure, et leur tâche achevée, ce mari glorieux et cette admirable épouse, heureux du même contentement, fiers du même orgueil, te rendirent les mêmes actions de grâces, ô muse à la voix touchante ! Muse immortelle de Sophocle et d'Euripide, et, disons mieux, du grand Corneille! Il se réjouissait dans sa gloire et dans son dernier disciple, le grand Corneille; il reconnaissait vraiment cet enfant de sa race, à son laurier, à son œuvre, à ses légitimes amours.

Enfin donc, par la plus belle journée, ces deux habitants mystérieux des glaces du Tréport prirent congé de cet asile où s'était mêlée tant de vaillance à tant de découragements mortels. Cette fois, double était la victoire, et double était le triomphe. Honneur à la Muse ! elle ne fait rien à demi! La jeune femme emportait dans son sein généreux l'enfant tant rêvé.... le poëte apportait au théâtre, impatient de le revoir, cet ouvrage abondant en pitié, en éloquence, avec toutes les beautés de la tragédie, et tout l'intérêt du drame aux grands aspects : *le Lion amoureux!*

Ami Paul Bapst, telle est l'histoire de ta maison! Ton digne père, un grand joaillier qui mieux que personne aujourd'hui pourrait dire ici-bas la fragilité des couronnes, tant il a fait, défait et refait souvent la plus grande couronne du monde, est resté si touché de cette dernière aventure, honneur de son Tréport bien-aimé, qu'il fait graver sur un marbre, à la louange de sa maison l'inscription, que voici :

ICI, PONSARD COLLABORANT
AVEC UN COMPLICE CHARMANT,
A MIS AU MONDE, EN MOINS D'UN AN,
UNE BELLE OEUVRE, UN BEL ENFANT.

Accepte cependant ce petit livre, écrit (j'en ai honte!) aux mêmes lieux où maître Humbert a célébré les quatorze armées de la révolution française, où la belle, entre les belles, madame Tallien prononçait, la première, une prière aux autels de la clémence, où la jeune marquise de Maupas vengeait, d'abord par l'ironie et le bel esprit, par la tendresse enfin, ces glorieux vaincus de la loi nouvelle.

Mon livre est peu de chose; il n'y a rien de si futile, et j'en suis à me demander si le péristyle ne va pas écraser ma cabane?... On fait ce qu'on peut! Il est donné à bien peu de gens d'aller à Corinthe; encore moins de pénétrer, la tête haute, à travers ce *champ des martyrs*, où le jeune Vendéen, comte de Vaugris, va mourir en disant : « Vive le roi! » comme un Chrétien dirait une dernière prière.

Non, non, ces grandes œuvres, hier *le Lion amoureux*, demain *Galilée*, et (ce matin) *les Travailleurs de la Mer* ne sont point au niveau des esprits futiles; elles appartiennent à des têtes, par Dieu touchées! Soyons contents nous autres, les petits et les humbles, de trouver encore assez d'enthousiasme au fond de nos cœurs, pour applaudir à ces choses superbes; soyons heureux, dans le calme et la paix d'une vie exempte d'ambition, d'écrire, en nous jouant, ces petits contes qui ne conviennent plus guère à notre âge déclinant.

Que ta jeunesse les accepte en souvenir d'un ami qui fut jeune, et qui t'a voué la tendresse d'un père à son fils.

Jules Janin.

Passy. *Avril* 1866.

LE TALISMAN

LE TALISMAN.

I

Au midi de la France, et sur les bords du Rhône aux grandes eaux pleines de caprices, un château du temps de Louis XIII, reconnaissable à ses tourelles, à ce mélange hardi de pierres taillées et de briques rougies, dominait la contrée et s'appelait les *Aigues-Vives*. C'était, dans ce temps-là, vers la fin du grand règne, un domaine opulent, composé de très-belles terres : vignobles, mûriers, jardins, prairies, un peu de tout ce qui fait l'abondance et l'ornement des campagnes. Nous disons bien : *la prairie!* En effet, chose inattendue en ces lieux frappés du soleil, une fontaine, une vraie, inépuisable et fraîche fontaine, autour du parc tout rempli d'ombrages séculaires, épanchait ses grandes eaux, et par de nombreuses rigoles se répandait çà et là, entre deux rives de gazon, prodiguant, joyeuse et cachée à demi, la verdure et le repos. *La source*, on la nommait ainsi, était la grâce et la fortune de cette terre à clocher ; on la venait visiter de dix lieues à la ronde, et c'était un charme infini de s'asseoir, ou mieux encore, de s'étendre en rêvant, sur ces bords d'une extase ineffable. *Oasis!* C'est un mot de l'Orient, qui dirait tout à fait ce que nous voulons dire : ici le sommeil, le repos, la fraîcheur, la douce obscurité, quand le soleil en feu brûle au loin la plaine aride, et que le voyageur haletant cherche en vain un brin d'herbe où reposer sa vue, une rive où se désaltérer.

C'est l'ornement des plus belles fontaines, une légende. Il n'y a pas de murmure qui n'appelle à soi une fée, un enchanteur, surtout dans ces régions dont Sirius s'empare en maître. Ainsi, les *Aigues-Vives* passaient dans l'imagination et surtout dans les respects des laboureurs et des bergers de ces contrées pour le don précieux de quelque divinité bienfaisante. A la reconnaissance, ils ajoutaient, ces bonnes gens, le respect du mystère, et comme ils ne pouvaient guère s'expliquer d'où leur venait, avec tant d'abondance et de fraîcheur, ce flot rempli de bénédictions, ils disaient que la fontaine était fée, et que le flot était un demi-dieu. Même, à l'extrémité du grand parc, à l'endroit le plus sombre et le plus touffu, entre deux rochers, sans doute apportés là par les génies dans leur manteau de mousse et de lierre, on pouvait voir encore les ruines antiques d'une chapelle élevée aux neuf Muses. Apollon, le dieu de céans, avait quitté à regret ce piédestal en marbre, où le sculpteur païen avait gravé de son docte ciseau des vers d'Hésiode et quelques vers d'Horace à la fontaine de Blandusie. En vain, dans ce triste courant des guerres religieuses, signalées des deux côtés par tant de ruines, les protestants, dans un moment de victoire, avaient renversé ces restes charmants du paganisme, il en était resté je ne sais quoi de rare et d'étrange. On recherchait ce bel endroit jusqu'à l'heure où l'astre d'en haut abandonnait peu à peu le pied des chênes, le tronc des hêtres, les rochers, les horizons, laissant la place à mille vapeurs indécises. L'ombre alors envahissait la vallée et la colline ; en même temps la fontaine élevait sa voix claire ; une secrète horreur remplaçait la vie et le mouvement de ce paysage enchanté. Les habitants, esprits forts, disaient que la fontaine appartenait à Mélusine. Ils l'avaient vue il y a bien longtemps, et ils l'avaient reconnue à ses blancs vêtements, à ses cheveux entortillés de serpents, à son pâle sourire, à ses yeux qui jetaient la flamme. Les plus crédules, ceux qui ne se piquaient pas d'être esprits forts, disaient tout bonnement que la fontaine appartenait au mauvais génie, au démon. Pour un empire, après le soleil couché, ils n'eussent consenti à se promener sur les bords mystérieux où la nymphe aimait à laver ses pieds charmants. Telle était la légende, et la contrée entière y tenait, comme un roturier à ses titres de noblesse. Il y avait même, à propos de Mélusine, une complainte, et... rassurez-vous, je ne la chanterai pas!

Cette antique demeure, ornement d'une heureuse contrée, où le vent tiède et le clair rayon accomplissaient leurs plus doux chefs-d'œuvre, un beau pays mêlé de Provence et de Dauphiné, Languedoc,

Avignon et comtat Venaissin tout ensemble, avait été le berceau d'une bonne famille, il est vrai, mais dont l'origine était loin de se perdre encore dans la nuit des temps. Un certain Jacques de Vivès, soldat de profession et grand coureur d'aventures, fut le premier arrivé dans ces beaux domaines de sa création.

Ces Vivès étaient des gentilshommes espagnols que la Catalogne avait prêtés à la France aux temps des guerres du Béarnais; Henri IV en avait fait des capitaines; puis, la guerre achevée et Paris conquis par son roi, le baron de Vivès, ajoutant sa fortune personnelle aux récompenses méritées, avait épousé la dernière héritière des Aigues-Vives, qui mourut, en lui donnant un fils, héritier de son nom. L'enfant n'avait pas dix ans que son père, à son tour, s'éteignait dans cette oisiveté si souvent funeste aux hommes de guerre. Ils supportent plus volontiers les rudes fatigues, que ces lenteurs d'un repos sans fin.

Dans la mêlée ardente, ils se sentent vivre, ils meurent d'ennui à contempler la plaine où tout abonde, le bois où tout chante! Une ville à briser les charme, une ferme à bâtir, les ennuie. Un grand bruit d'armes, de canons, de fusils, les hennissements des chevaux, le choc des armées, voilà leur fête ; ils ne sont pas heureux vingt-quatre heures dans une maison bâtie avec la prévoyance du père de famille, au coin du feu qui petille, en pleine sécurité, et la porte avec soin fermée... *Ils bâillent leur vie*, ils ne savent plus que faire et que devenir ! Ainsi mourut le grand père. Il laissait deux fils, Jean de Vivès, l'aîné, déjà moins guerrier que son père, et le cadet, Marc-Antoine, que l'on appelait dans le pays l'*oncle Antoine*. Celui-là devait laisser sa trace à travers cette famille de soldats. Il vint au monde avec toutes les inspirations de la guerre. Enfant, il ne parlait que d'épée et de bataille. Il amenait, ceux-ci contre ceux-là, les petits rustres de la campagne.

On se battait à coups de pierres, on se meurtrissait à coups d'échalas arrachés dans les vignes ; tel de ces héros précoces perdit à ce jeu un de ses membres, un autre y fut tué, si bien qu'à dix-huit ans, le *général* Antoine était le fléau de la contrée. On s'en débarrassa comme on put, vite et bien ; et jugez de l'étonnement des compagnons de ses premières batailles, lorsqu'au bout de vingt ans, sous le règne heureux de son frère aîné, Jean de Vivès et de la baronne de Vivès, la femme honorée et juste entre toutes, au retour des batailles lointaines, enrichi par le pillage et par les violences de tant de guerres, et surtout dans le Palatinat, qu'il avait mis à feu et à sang pour le bon plaisir de M. de Louvois, on vit reparaître à grand bruit le mestre de camp du royal-dragons, Marc-Antoine de Vivès, le casque en tête, l'épée au côté, le cordon rouge à son cou et sa valise pleine d'or.

Jamais figure énergique et plus violente d'un soldat parvenu n'avait épouvanté une plus-douce et plus charmante contrée. Il était terrible en tout temps, et plaisant à sa façon, ce fameux capitaine, dont M. le marquis de Louvois avait fait le bras droit de ses vengeances et de ses fureurs. Il avait commencé ses hauts faits à la bataille de Consarbrück, gagnée sur le maréchal de Créqui par le duc de Lorraine, et le capitaine de Vivès avait conservé de cet outrage un si grand ressentiment, que rien ne put rassasier sa vengeance : ni le feu, ni la ruine et le pillage et les massacres. Il se distingua si fort par ses violences, que le ministre aimait à répéter ce nom terrible, et ne refusa aucune espèce de récompense à celui qui le portait. Ce sacripant était à Philipsbourg, à Mannheim, à Frankenthal ; son sabre impitoyable n'épargnait ni les hommes, ni les choses, ni les Raingraves, ni le prince-électeur ; le Palatinat tout entier se courba sous la férocité de cet homme. Il fut un instant le maître de Heidelberg, qu'il ruina pour tout un siècle. Ah! le terrible et l'abominable héros ! Mais quoi? c'était la guerre; on ne la faisait pas autrement. Si M. de Turenne hésitait à employer le capitaine de Vivès et les gens de sa bande, arrivait soudain un ordre absolu de Versailles, et voilà que recommençaient toutes ces fureurs.

A la fin de tous ces pillages et de tous ces meurtres, et M. de Louvois étant mort, notre héros, sans reproche et sans peur, rentra dans la *maison de ses pères*, aussi modeste que Jules César, qui était assez grand, vous dira Florus, l'historien, pour mépriser tous les triomphes [1].

Après un si long temps, une si longue absence, et si peu de souci de donner de ses nouvelles, nul ne s'attendait plus guère à le revoir ; son frère lui-même eut

---

1. Cæsar tantus erat ut posset triumphos contemnere. (Florus, lib. IV.)

grand'peine à le reconnaître. Il avait six pieds ; son visage était semblable au visage de Guise le Balafré ; la guerre et ses passions s'étaient appesanties sur ce crâne dépouillé avant l'heure. Il avait le geste absolu et la voix terrible du commandement ; sa parole était brève, insolente, ironique et toujours cruelle. Il avait cessé de croire, et pour de bons motifs, à la pudeur des femmes, à l'honneur des hommes ; il avait renoncé à la crainte de Dieu. C'était un vrai soudard, doublé d'un homme enrichi ; tout ce qui résistait à sa fortune était emporté, haut la main, par sa volonté. Rien qu'à le voir, son frère eut peur, sa belle-sœur en frémit ; épouvantés, et rangés le long du chemin, les vassaux des Aigues-Vives le regardaient comme on regarderait l'antechrist.

Il n'y eut pas jusqu'au jeune héritier de cette maison qui ne s'enfuit, en dépit de toutes les caresses, à l'aspect de son fameux oncle.... Il faisait tant de bruit avec ses éperons et ses grandes bottes, ses armes, son cheval noir, ses domestiques, ses trompettes et ses tambours.

Au bout de six semaines, M. le mestre de camp trouvant la vie insupportable en cette maison bien ordonnée, où chacun obéissait à sa tâche, où chaque soir et chaque matin maîtres et serviteurs faisaient la prière en commun, où tout marchait d'un pas calme, où l'enfant lui-même haïssait le tapage, où chaque dimanche on allait à l'église, en grand apparat, sur le banc seigneurial, donner l'exemple d'une foi sincère, eut bientôt décampé de ce toit beaucoup trop modeste. « Allons, mes gens, qu'on me suive ! » et, sans prendre congé de son frère qu'il appelait un *rustre*, et de sa belle-sœur, *une sainte nitouche*, ils s'en furent se loger, lui et sa bande, à l'entrée du bourg des Aigues-Vives, dans une maison qu'il avait achetée au milieu d'un beau jardin, et qu'il fit tout simplement recrépir, la meu-

blant, au rez-de-chaussée, à la soldatesque :
un lit de camp, des bahuts, de grands
verres et du vin à tire-larigot, réservant
toutes les magnificences pour le premier
étage. Maître et serviteurs c'était même
chose, autant de chenapans sans foi ni loi.

Mais qu'y faire? Et puis, la nouveauté,
la nécessité! Cet homme arrivait, les mains
pleines!.... Il racontait à tout venant
des histoires voisines des fables : il avait
couru le monde; il avait subi et savouré
tant de joie et tant de misère; il était intéressant, curieux, terrible, et pourtant
chacun l'approchait librement. Ajoutons
qu'il se moquait des habitants du château;
qu'il prêchait la révolte, et qu'il apprenait
à son auditoire attentif des mépris tout
nouveaux dans la contrée. A tel point que
la première terreur étant passée, on finit
par dire en tout le village, à dix lieues
alentour, que l'oncle Antoine était un bon
enfant, qui n'était pas fier; au contraire,
il tendait la main au premier venu pourvu

qu'il sût boire, il embrassait la première fillette, à condition qu'elle fût jolie. Hélas! plus d'une, en ces campagnes encore innocentes, se laissa prendre à ces bonnes et joyeuses apparences ; plus d'une y laissa sa propre gloire. Il n'était pas dans le bourg depuis trois ans, que l'on se racontait tout bas, aux veillées, l'histoire d'une belle innocente que l'oncle Antoine avait séduite et qu'il avait enlevée. On ajoutait que la pauvre enfant, enfermée dans les riches salons de *la Maison-Blanche*, y était morte de repentir et d'abandon, sans que son père et sa mère eussent jamais pu la rejoindre.

On disait ces choses, mais on les disait à voix basse ; on n'osait guère s'attaquer à l'oncle Antoine ; chacun savait que d'un homme ainsi fait, la vengeance était prompte et le châtiment sans pitié. Il avait broyé la main du vétérinaire Amaury en lui disant *bonjour!* D'un coup sur l'épaule, il forçait les plus robustes à se mettre à genoux : si Rosette fermait sa porte, il enfonçait la porte en vrai Philistin ; il grimpait jusqu'à la fenêtre de la chambre où Jeanne était cachée. A lui seule il eût démoli toute une maison, comme il l'avait appris au service de M. de Louvois. La bête du Gévaudan, qui fit tant de bruit par toute la France en ce temps là, ne fit jamais plus de tapage que l'oncle Antoine, en ce petit coin d'une province qui donnait naguère l'exemple de toutes les modérations.

De tous les vices qu'il avait apportés avec lui, le plus innocent en apparence et celui qui devait avoir les conséquences les plus durables, c'était, si nous pouvons parler ainsi, le vice même de la comédie. Il avait appris, de bonne heure, à l'aimer par sa fréquentation à l'hôtel de Bourgogne, où il était l'effroi du parterre, la terreur des comédiens et l'espérance des comédiennes. Il eût parlé pendant huit jours des anciens et des nouveaux enfarinés. Il vous disait volontiers les nouvelles de Gros-

Guillaume, de Gaultier le Vieux, de Turlupin le Fourbe et de Gaultier-Garguille. Il avait connu Bellerose et Mme Bellerose, et Mlle Beaupré, « personne aussy bien faitte qu'on en pust voire. » Que de fois il avait dîné au cabaret avec Mondoré, le protégé de Mme de Rambouillet, avec Tristan l'Hermite, l'auteur de *Marianne*, avec la troupe du Marais, à qui Corneille a donné ses premières pièces! Il avait vu mourir le fameux d'Orgemont; il avait vu débuter le célèbre Floridor. Puis, à voix basse, il avouait qu'il avait connu Mlle Béjard, quand elle jouait les amoureuses dans une troupe de campagne, et même il eut l'honneur de lui faire répéter le rôle d'*Epicharis*. Cet homme était, à proprement dire, un vrai répertoire; il savait par cœur tout le rôle de *Bradamante* ; il débitait des farces que c'était à en mourir de rire. Il avait donné la réplique à Cassandre, à Cléopatre, à Pyrame, à Thisbé. Il s'était prononcé, un des premiers, contre la règle d'Aristote : l'unité de lieu, et la loi des vingt-quatre heures. Il en vint même, à force de parler comédie, tragédie et pastorale, à accomplir un projet qu'il avait en tête, il y avait déjà longtemps, qui était de bâtir un théâtre, un vrai théâtre au beau milieu du bourg de Vivès.

« Il ne serait heureux, disait-il d'un air narquois, que lorsqu'il aurait introduit parmi ces sauvages les belles passions, la belle galanterie, et qu'il aurait fait de son lieu natal un des plus agréables du royaume, et des plus civilisés, en y attirant le beau monde. » Il suivait en ceci l'exemple du roi, qui changeait souvent le parc de Versailles en théâtre, et l'exemple du cardinal de Richelieu qui faisait jouer la comédie sous les murailles de Montauban, et dans plusieurs villes rebelles de Guyenne et du Languedoc. Ce beau projet, si nouveau qu'on pouvait dire une *révolution* devint le sujet d'une causerie inépuisable.

Les uns, entendant parler ce démolisseur qui se faisait architecte, l'écoutaient avec admiration ; les autres (les prudents et les sages), entraient en inquiétude : ils prévoyaient que ce théâtre amènerait dans la contrée un tas de vagabonds et de gens sans aveu, en deçà de toute juridiction ecclésiastique. Or ce fut justement cette opposition des honnêtes gens et des plus gros manants du village, avec le chagrin qu'en ressentit principalement Mme de Vivès, qui poussèrent l'oncle Antoine dans l'accomplissement de sa menace. Il se fit envoyer de Paris un plan de l'hôtel de Bourgogne et de l'hôtel du Marais; il fit venir d'Italie un architecte, et bientôt il fut avéré aux plus incrédules qu'un vrai théâtre envahissait l'extrémité de la grande rue et débouchait sur la place et presque en face de l'église. Alors que de plaintes, de murmures, mais aussi que d'espérances pour tant de fêtes que promettait une si belle construction !

Chaque matin, l'oncle Antoine arrivait et se posait en présence de son monument. Il excitait les ouvriers à bien faire; il s'occupait des moindres détails et si l'argent n'eût pas fini par manquer à sa fantaisie, il faisait vraiment un théâtre où les plus belles œuvres de MM. Corneille et de Scarron : *Don Japhet d'Arménie* et *le Cid*, *Pompée*, *Héraclius*, *Rodogune* et *Cinna*, auraient tenu le peuple attentif. Le manque d'argent (car tout s'épuise enfin) arrêta l'oncle Antoine en ses vastes projets. Il acheva, en croquant, le monument qu'il avait commencé en surintendant des finances, puis, au moment où ce frêle édifice était couvert, où les peintres venaient de terminer les trois décorations qui suffisaient à toute espèce de comédie ou de tragédie en ce temps-là : une place publique, une salle basse, un jardin, l'oncle Antoine (il avait bu ce jour-là plus que d'habitude), voulant étrenner, le premier, son ouvrage, et réveiller l'écho pour la première fois, fit allumer les chandelles. Alors, monté sur son théâtre, il se mit à contrefaire, en présence de ses valets et de plusieurs de ses voisines, les choses qu'il avait vu faire à Scapin lorsqu'il jouait à lui tout seul, le roi, la reine et l'ambassadeur ; la reine parlant en fausset, l'ambassadeur parlant du nez, et le roi de sa voix naturelle. Il représentait même un confident et deux recors de façon à s'y méprendre. Ah! qu'il était gai, qu'il faisait rire ! Il venait de commencer le récit final et nasal lorsqu'une espèce de tremblement de terreur se fit sentir dans l'enceinte de l'édifice ; on eût dit que le théâtre allait crouler. « Ce n'est rien ! » disait le Jupiter-Scapin chancelant sur ce théâtre qu'il fallut étayer le lendemain ; à ces mots un portant mal attaché tombe, et brise à grand bruit, le vaste cerveau de l'oncle Antoine.

Ainsi mourut ce maudit brigand enseveli dans son triomphe, et très-applaudi par les spectateurs qui pensaient que cette mort imprévue faisait partie de ce rôle à tant de personnages divers. « Juste fin! » murmuraient entre eux les fervents catholiques et les honnêtes gens.

II

e lendemain de cette catastrophe, un peu avant les funérailles, les serviteurs de l'oncle Antoine s'enfuirent sur ses meilleurs chevaux, emportant les débris de sa fortune. Il fallut vendre à l'encan la maison blanche; elle ne suffit pas à payer toutes les dettes du fameux capitaine, et Jean, son frère, y pourvut de ses deniers. Quant au théâtre, il avait été bâti sur un emplacement qui appartenait au bourg de Vivès, et le bourg en demeura propriétaire, en attendant que vînt le jour où ce bel édifice pourrait servir.

Resté seul, délivré de ce terrible frère et de son voisinage, il advint que Jean de Vivès mourut paisiblement, comme un autre homme, en se reposant sur son fils unique pour l'avenir de sa maison.

Heureusement (car cette race était à demi perdue) il y avait dans la maison une grand'mère, une force, une intelligence, un grand orgueil, Mme la marquise douairière d'Aigues-Vives. Elle tenait au sol comme un vieux chêne; elle était restée au château comme un souvenir. Elle n'aimait guère, elle n'estimait pas davantage ces Vivès qui n'avaient fait que passer; mais, superbe et vaillante, elle avait gardé le plus profond respect pour les femmes et pour les hommes de sa propre famille. Elle avait pleuré, elle pleurait encore avec des larmes amères, sa fille qui avait épousé le baron de Vivès.

Seule, ou peu s'en faut, elle survivait à sa race éteinte, et elle avait reporté naturellement toutes ses tendresses sur le jeune

orphelin qui était resté confié à sa garde.
— « Ah! se disait-elle en regardant ce frêle rejeton, si je le puis, mon cher fils, je ferai de toi beaucoup mieux qu'un soldat ravageur de provinces, et beaucoup mieux qu'un capitaine oisif; je ferai de toi un galant homme. On dit qu'il n'y a rien de mieux que ces porteurs d'épée.... eh bien! moi, ta grand'mère, je veux faire de toi un président au parlement de notre province. Non, je ne mourrai pas avant que tu sois coiffé du mortier, et assis sur les fleurs de lis, comme un digne fils de ma fille. Honni soit qui mal y pense! Il y en a qui disent que j'ai gâté ta noblesse, eh bien! moi, j'en réponds devant Dieu! tu ne seras pas plus noble que mes frères et tes grands-oncles, les législateurs, mais tu seras honoré comme ils l'ont été de leur vivant, comme ils le sont après leur mort! » Telle était l'ambition de cette aïeule. Avec l'ardeur que tant d'autres mères, à sa place, auraient dépensée à grandir l'héritier de sa maison, elle

en mit à la circonscrire, à la modérer.
Elle effaça les armoiries des hommes d'épée et les remplaça par les insignes et les couleurs des gens de robe. On parla beaucoup mieux dans ce palais redevenu une maison bourgeoise, de la justice que de la guerre, avec bien plus de louanges pour le droit, que pour la gloire.

Ainsi, de bonne heure, elle habitua ce jeune héritier de deux capitaines et de tant de magistrats, à dédaigner la vantardise, à mépriser la parure militaire, à fuir le mauvais exemple; et sitôt que l'oncle Antoine eût dépassé toutes les bornes et rempli les hameaux voisins de ses débordements, la dame, prudente et sage, envoya son fils à Paris, chez les jésuites du collége Louis-le-Grand, braves gens qui s'inquiétaient assez peu de la noblesse et du nom de leurs disciples. En revanche, ils avaient un tact merveilleux pour deviner, sous la rude écorce de l'écolier, un bel esprit, un esprit sérieux, une intelligence.

En vain le nouveau venu résistait à ces grandes leçons, il finissait par comprendre que les choses qui lui étaient enseignées étaient vraiment de belles choses. Bref, ayant mordu à la grappe, Henri de Vivès la trouva tout à fait semblable aux ceps génereux de la Côte-d'Or; d'abord le fruit est amer.... un verjus; laissez le soleil donner au grain qui s'enfle une teinte dorée, et la rosée adoucir la future vendange, et bientôt, sous le pressoir, vous verrez la récolte à longs flots remplir d'un vin généreux les tonneaux fraîchement cerclés. Au reste, ils étaient plusieurs de la même province en ce collége de Louis-le-Grand : il y avait un Belleporte, un Greffemblé, un Lagallerie, un Sassenage. Il appartenait, ce jeune Sassenage, aux seigneurs du Dauphiné, race antique et superbe, longtemps mêlée à toutes les guerres religieuses, non pas sans quelque soupçon d'hérésie.... Entre ces deux jeunes gens de la même province, accomplissant les mêmes études, il n'était guère possible qu'une certaine amitié ne s'établît pas, mais ce fut tout d'abord une amitié pleine d'inquiétude et de malaise. Il était beau comme le jour, ce beau marquis de Sassenage : la plus belle tête, une taille élégante, un air galant et majestueux tout ensemble ; il était le plus poli du monde à la surface, et d'un orgueil indomptable au fond de l'âme. S'il n'était pas le premier dans les études sérieuses, il était le premier au courir, au danser, au jeu de paume, à tous les exercices du corps; on voyait facilement qu'une fois devenu son maître, il exercerait sur son entourage une grande tyrannie.

En même temps que ce jeune tyran s'émancipait de toutes ses forces, son compagnon d'étude, Henri de Vivès, menait de front la rhétorique et les exercices de l'académie. Autant celui-là était bruyant, tapageur, autant celui-ci promettait un esprit habile, un sens droit, un jugement éclairé. Fils de soldat, petit-fils de président à mortier, il réunissait, sans le savoir, le courage et la prudence ; il est vrai que la prudence, assez souvent, l'emportait malgré lui sur le courage. Ainsi sans peine, au contraire avec joie, il apprit les langues savantes et tout couramment, Horace et Virgile. O barons de Vivès ! que dites-vous de ce descendant de vos batailles expliquant *la colère d'Achille* et le quatrième livre de l'*Énéide?* A la fin de l'année, en présence de la foule accourue à ces fêtes de la jeunesse, magistrats, docteurs de Sorbonne, académiciens, dames sérieuses venues de Versailles, mêlées aux jeunes femmes de la place Royale, ce jeune homme entouré de l'amitié de ses maîtres, remporta plusieurs couronnes aux grands applaudissements de l'assistance. Il répondit, sans se troubler, à toutes les questions qui lui furent adressées à propos des Grecs et des Romains, voire des Égyptiens et des Perses. Chacun admirait tant de science en un si jeune esprit ; assis sur un banc retiré, bien loin de ces luttes solennelles qu'il était indigne de partager, M. le marquis de Sassenage applaudissait aux succès de son camarade, et riait tout bas de ces palmes trop bien gagnées. « Mon épée et moi, se disait-il, nous en ferons bien d'autres. » Il partit le soir même, en poste à quatre chevaux, pour rejoindre une compagnie de dragons que lui avait achetée M. son père. Le surlendemain, quand il eut pris congé de tous ses maîtres qui le pleuraient, le jeune baron de Vivès quitta Paris sur un cheval de louage, accompagné d'un seul domestique, et plus semblable à un jeune bachelier qui s'en va dans quelque maison professe d'oratoriens ou de bénédictins, qu'au gentilhomme attendu dans ses riches domaines par de nombreux vassaux dont il est le maître et le roi.

Telle était cependant son impatience d'arriver chez lui et de retrouver sa grand'mère et son château, qu'en moins de huit jours il atteignit les rives du Rhône, et le Rhône, en grondant d'une gronderie amicale, eut bientôt fait de ramener ce jeune homme en sa maison. Le doux voyage ! Un flot limpide, un ciel clair, des collines verdoyantes, des îles chargées de troupeaux, des barques, des bateaux, le bruit du halage et les hameaux joyeux ! Chaque homme assis, le soir, sur le seuil, la porte ouverte et le feu de sarmant qui pétille, annonçant le repas du soir. Pensez donc si le retour du baron de Vivès fut une joie, une fête ? Il n'était pas de vieillard, d'enfant, et surtout de jeunesse en ses beaux habits qui ne vînt au-devant du maître et seigneur de ces beaux lieux. Lui, cependant, modeste et content, reconnaissait tout le monde et toute chose avec un sourire, avec un accent joyeux. Délivré de ses longues études, il se sentait à l'aise en ce vaste espace : il foulait sa terre, il saluait son bien, il rentrait dans son château. On disait tour à tour : *le château, la maison;*

« le château, » pour flatter le jeune homme; et « la maison, » pour plaire à la bonne aïeule. Elle avait fait, du château sombre et menaçant, une maison, ouverte au soleil; elle avait renversé les tourelles principales, comblé le fossé, enlevé le pont-levis. Tout ce qui sentait la haute et basse justice et la féodalité, voire la seigneurie, avait été déguisé, sinon effacé. Plus de four banal, chacun pouvait cuire à sa fantaisie; plus de moulin, chacun pouvait moudre à son compte. Un lièvre, ami voisin, au milieu de ton carré de choux, tu pouvais le tuer sans redouter les galères. Les pigeons du colombier féodal ne volaient qu'à leurs risques et périls, sur les herbes riveraines; guerre aux lapins, et malheur à la grive au passage! On avait renversé le gibet, comblé la prison, renvoyé le bailli, affranchi la rivière. Un tout petit 89 brillait, cent ans à l'avance, en ce petit manoir si calme et tout rasséréné. Enfin, par une autre révolution non moins étrange, la dame avait reçu son petit-fils en lui disant : « *Sois* le bienvenu, mon enfant. » Et le fils avait répondu : « Bonne mère, que je suis content de *te* revoir ! » Ils se tutoyaient l'un l'autre ! En ces beaux lieux l'enfant avait remplacé *le seigneur;* la mère avait remplacé *la dame*, et l'amitié la plus tendre avait chassé la cérémonie. Ils s'embrassèrent, l'aïeule et l'enfant, comme une paire d'amis ; la dame, enfoncée en son fauteuil et dans sa robe couleur de feuille morte ; et le jeune homme, en simple habit tout uni, sans un bout de broderie. Elle n'avait pas de si mauvais yeux, la vieille dame, qu'elle ne vît très-bien, à travers ses lunettes, ce jeune homme en sa belle jouvence. Il avait les yeux bleus et grands ouverts, les traits peu réguliers, mais pleins d'intelligence et de joie, une bouche où brillaient de fort belles dents, les cheveux d'un blond doré en la plus grande quantité du monde. Enfin, sa taille était fluette et bien prise, et voici son habitude : il regardait et marchait tout droit devant soi : il était roide et n'était pas gauche; il était sincère et n'était pas dur. Mieux encore, il était modeste et ses beaux yeux cachaient leur flamme. — « Ah! ma foi, se disait la baronne grand'mère, il est plus joli et mieux tourné que je ne le pensais; mais tel qu'il est, et Dieu m'aidant, j'espère en tirer bon parti. »

Quand il fut bien installé sous ce toit plein de grâce et de douce clarté, quand il fut bien remis de ses fatigues, il advint que la bonne dame eut avec son petit-fils un entretien qu'elle avait préparé depuis longtemps. D'abord, elle le fit asseoir à ses côtés; puis, prenant sa main dans ses deux mains transparentes et si douces qu'il les sentait à peine, elle lui dit d'une voix accorte et sérieuse à la fois :

« Vous êtes le maître ici, mon cher enfant; la terre est à vous, la maison est vôtre; et s'il vous plaisait (à Dieu ne plaise!) de m'en défendre l'entrée, il me faudrait obéir. Apprenez, cependant, mon cher Henri, digne fils de ma fille qui n'est plus, que toutes ces apparences de fortune, un souffle, un rien les ferait disparaître. Il y a plus de cinquante ans déjà que les sires de Vivès ont oublié la prévoyance et le travail. Un seul, parmi ces derniers Vivès, le mestre de camp Marc-Antoine, avait fait, disait-on, une grande fortune à la guerre. Il est mort misérablement, il est mort insolvable, et, pour sauver le nom que vous portez d'une tache, il en a coûté à votre père, à vous, plus de cent mille livres qui étaient toute votre réserve. Ayez donc soin de ces belles terres qui vous restent, et dont l'une est menacée par un procès peu dangereux, mais qu'il faut que l'on surveille. Il vous faudra, mon enfant, beaucoup de prudence et quelque peu d'économie. Ici, chez nous, l'argent est rare, apprenez de bonne heure à le ménager. Ceci fait, je me charge du reste, et je veux que rien ne manque au seigneur de Vivès. Bon courage! Aimez-moi, songez à ma vieillesse, à votre jeunesse aussi ; profitez du triste exemple que vous a laissé l'oncle Antoine ; en même temps, nous chercherons à loisir quelque charge et quelque alliance qui vous conviennent et qui vous aident à relever la grandeur déclinante de votre maison. »

Quand la bonne dame eut ainsi parlé de sa voix solennelle, elle redevint tendre et confiante, et toute disposée à chanter les louanges de ce jeune bachelier, qui l'écoutait si tendrement. Elle eût dit volontiers sa joie et son orgueil à tous les échos d'alentour. Surtout elle le disait à toute heure, à tout propos, à une jeune fille aux yeux très-vifs, à l'air modeste, intelligente et peu belle au premier abord, qui vivait chez la dame, à son ombre, en qualité mal définie, et tantôt on l'appelait : *mademoiselle !* et tantôt de son petit nom : *Jeannette !* Il y avait des anciens dans le château qui se souvenaient que Jeannette avait passé longtemps pour être une enfant d'une demoiselle de Vivès et d'un mari clandestin, le chevalier des Aubiers, propriétaire, à cinq ou six lieues de là, d'une humble métairie où il vivait tout seul, noblement, pauvrement, en gentilhomme campagnard. Mais si ce bruit avait couru, ce bruit était tombé, et la façon assez peu courtoise du chevalier pour Jeannette, et la répulsion qu'il inspirait à Mlle Jeannette, auraient suffi à démontrer la vanité de cette filiation. Cependant la fillette habitait le château de Vivès, non pas d'une façon régulière, mais par intervalles. Elle allait, elle venait, sans faire un grand bruit ; elle avait disparu, la veille.... au bout de huit jours on la retrouvait à sa place accoutumée, et sans que pas un s'inquiétât de la disparition ou du retour de Jeannette. A peine on l'apercevait quand elle était présente ; elle se tenait d'ordinaire à l'abri du grand fauteuil de la dame, et parfois un soupir, et parfois un petit rire, décelaient sa présence. Elle avait passé bien des nuits au chevet de sa maîtresse en sa dernière maladie, et les gens de service avaient remarqué, sans s'étonner, que Jeannette, épuisée, et tombant de lassitude, se couchait sans façon aux pieds de la douairière, ou s'endormait, l'aïeule appuyant sa main frêle sur ce front plein de songes. Bref, qu'elle fût *mademoiselle*, ou *Jeannette*, chacun l'aimait et l'honorait dans le château.

Aussi peu que tous les habitants du logis, le jeune baron de Vivès s'inquiétait de Jeannette. A peine il la traitait comme un jeune chien favori de sa maîtresse et qui s'enfuit devant le nouveau venu. S'il disait parfois : *Bonjour, Jeannette*, ou : *Salut à vous, mademoiselle!* il n'attendait pas la réponse.... et le plus souvent la fillette ne lui répondait pas.

Jamais sa grand'mère ne lui avait dit un mot de cette enfant qu'elle avait adoptée, et qu'elle abandonnait volontiers à ses humeurs volages. Au fait, cette enfant tenait si peu de place ! On ne l'entendait pas, on ne la voyait guère ; elle avait tout l'aspect du farfadet, et si le jeune baron, une ou deux fois, lui accorda un regard en passant, ce fut tout ce qu'elle en obtint. Lui, cependant, après avoir bien écouté les sages conseils de sa grand'mère, il sembla les enfouir dans sa mémoire, et comme s'il eût voulu témoigner tout de suite qu'il était convaincu de leur importance, il fut si calme et si réservé dans tous les instants de la journée, il fut si complétement le jeune homme heureux de rien, content de tout, et si peu le seigneur de ses propres domaines, que parfois la bonne dame avait peur du sermon qu'elle avait fait à son *pauvre enfant*. Véritablement, dans ces premiers jours il représentait toutes les grâces, toutes les vertus de l'adolescence, une adolescence attentive à ne blesser personne, à rougir aux discours téméraires, à suivre en leur cours régulier les astres d'en haut.

Tout cela, c'est de la poésie; il en avait plein le cœur; il obéissait sans contrainte, à ces ineffables enchantements.

I

Ainsi se passèrent dans la solitude et le silence, les premiers mois de cet enfant rendu à sa grand'-mère, à son logis, à ses longues rêveries. Mais enfin, quand il eut assez rêvé, assez contemplé, il sentit en lui-même un certain réveil.... le réveil turbulent de sa jeunesse! Il ne s'était jamais ennuyé jusqu'à présent; l'ennui le gagnait, l'ennui d'être seul, et déjà dans le lointain grondaient les amours formidables. C'en était fait, cette fois le fils des magistrats disparaissait, et faisait place au descendant des capitaines; le jeune homme envahissait l'adolescent. Encore un peu de temps, la passion va paraître, et comment donc maintenir ce torrent qui déborde? Ici, nouvelle inquiétude pour cette attentive grand'mère qui suivait d'un long regard son petit-fils, et le voyait entrer, non pas sans terreur, dans les sentiers qui devaient le conduire, ô dieux et déesses, aux doux abîmes de nos vingt ans!

A toute heure et chaque jour, elle savait les faits et gestes du jeune baron ; elle savait déjà que ce jeune esprit, impatient du joug avait donné plus d'un signe évident d'une ambition martiale. Une ou deux fois, par hasard, il était entré dans la vaste bibliothèque, où ses pères et grands-pères maternels avaient entassé les trésors du droit coutumier, du droit romain, les livres de théologie et d'histoire, et ne pensez pas qu'il ait ouvert un seul de ces gros tomes exhalant l'odeur de la jurisprudence et de l'encens. Il était dans l'âge imprévoyant, rebelle, ami des tumultes et des belles inventions, où l'on donnerait volontiers tout le *Corpus juris*, pour le petit *Jehan de Saintré*.

En vain, sa bonne grand'mère avait pensé que le droit canonique et le droit civil arrêteraient cette jeune intelligence, elle avait fait épousseter avec grand soin tous ces gros tomes, sur lesquels les plus savants magistrats de la province avaient laissé leurs notes et leur empreinte. Hélas! vaine espérance! Il laissa en repos le *Traité des Appellations comme d'abus*, non loin du *Traité des Fiefs*, par M. Jacquet. Il n'ouvrit pas même *les Causes célèbres*. Ni Platon, ni Cicéron, ni Sénèque; il dédaigna *la Recherche de la vérité*, par le père Mallebranche, et *l'Entendement humain*, par M. Locke. Il s'était rassasié de tous ces livres dans la bibliothèque de son collége, et de même qu'il ne croyait guère à la théologie, il ne croyait guère à la politique. Il eût frémi d'horreur au *Prince* de Machiavel, dont il possédait cependant un bel exemplaire; il eût bâillé au testament politique de milord Brolimbroke. A la fin il découvrit, dans leur cachette : Anacréon, Théocrite, *Daphnis et Chloé*, les histoires et les poëmes de l'amour, y compris les œuvres de l'abbé de Chaulieu. Les romans l'attiraient et surtout les histoires et les contes, les féeries : *les petits Soupers de l'été, les Sultanes, les Quatre-Fleurs, la Princesse Lyonnet* et *le Prince Coquerico.* Comme il fut heureux de rencontrer ces merveilles, dont il avait le pressentiment ! Il croyait à ces fantaisies, à ces miracles de la baguette enchantée. Il en avait toujours quelque tome en sa poche, et quand il avait bien marché et rencontré quelque hêtre au bord d'une source, il s'enivrait de ces songes et de ces mensonges, si bien que ce jeune esprit se trouva disposé à tout croire, entouré de ces enchantements.

S'il n'allait pas souvent à la bibliothèque, en revanche, il ne quittait guère l'écurie et le chenil. Tous les chiens l'aimaient; les chevaux hennissaient à sa venue; il semblait se connaître en fusils, en épées, en mousquetons. « Ah! madame, disait Jeannette, en riant, de son petit rire muet, j'ai bien peur, en dépit de votre sermon, qu'il ne soit un cavalier comme nos anciens seigneurs de Vivès! C'est trop joli, c'est trop volage, avec tant de jeunesse!... Au premier régiment qui va passer, vous verrez partir, le casque en tête, M. le procureur général du roi notre sire. Ça n'a pas de tête et ça s'enivre avec un grain de poudre, un doigt de vin. Hier encore, il a monté notre poulain de trois ans; la jeune bête une ou deux fois, l'a jeté par terre; il s'est relevé, il l'a domptée, il en fait tout ce qu'il veut, à cette heure. Ah! que vous avez là un joli conseiller au parlement!

— Que veux-tu, ma fille? il a en effet dans ses veines, beaucoup trop de ce sang des Vivès, reprenait la bonne dame. En vain pendant dix longues années d'études, les meilleurs maîtres se sont efforcés de dominer cette âme en tumulte, elle résiste encore, elle aspire aux vanités turbulentes. Il faut attendre, il faut espérer. Surtout il faut le suivre et de très-près, pour que nous puissions le tirer des dangers qui le menacent. Donc j'ai compté sur vous, Jeannette, et que vous rendriez encore ce service à votre vieille tante, mon enfant. »

Jeannette, à ces mots, prit les mains de la dame et les baisa.

Cependant le jeune homme, en toute apparence, vivait en pleine liberté. La grande aïeule avait voulu qu'il fût le maître et son maître, et sa moindre volonté était obéie. Il allait, il venait à son caprice; il remplissait de sa joie et de ses chansons le vieux manoir; il descendait le vaste escalier quatre à quatre; il entrait par la porte, il sortait par la fenêtre; et de mille gentillesses il tourmentait et charmait sa grand'mère; exact seulement aux heures du repas; triste et mélancolique aujourd'hui, le lendemain gai comme pinson. Tantôt il récitait des passages de Virgile, tantôt des vers badins de quelque Ovide en bonne humeur, mais pas gênant, pas méchant; pas de vice; au contraire, une grâce, une bonté, un geste ingénu, une malice innocente. Ah! le beau et bon garçon que c'était là!

Ce vieux château n'était pas très-loin de quelques belles maisons, disséminées dans la vaste campagne. Il était à une lieue de pays du bourg de Vivès; ce bourg de Vivès, par longueur de temps, était devenu une espèce de petite ville accorte et bourgeoise, oisive et riche, à l'usage de toute sortes de bonnes gens.

La ville est située entre deux bras du vieux Rhône; si la rive droite était consacrée à l'oisiveté, à la promenade, au bruit de ces eaux où se baignaient deux ou trois petites îles très-plaisantes; le côté gauche du fleuve appartenait aux bateliers qui, dans ce temps-là, allaient et venaient, sans cesse et sans fin, des lieux où le fleuve est assez fort pour porter une barque, aux lieux même où le fleuve, emporté par un courant rapide, se perd dans la Méditerranée. Ainsi, ces eaux laborieuses portaient incessamment le produit des villes, et la récolte des campagnes, entretenant sur ces bords fécondés par le travail, une jeunesse active et robuste, qui ne connaissait pas le repos. Et pendant que ces heureux matelots s'évertuaient, de leur mieux, à conquérir un humble patrimoine et le droit d'épouser une de leurs jeunes compatriotes, le côté droit du bourg de Vivès, appartenait sans conteste au doux travail, au babil léger, au gai contentement des jeunes artisanes, les sœurs ou les fiancées des bateliers de ce *diantre* de Rhône, un surnom que lui a donné Mme de Sévigné.

Cette partie du bourg était charmante : on y travaillait peu, on y causait beaucoup. Généralement, les filles à marier vous avaient de grands yeux et de petites dots. On eût dit que chaque heure de la journée était une fête à part; c'était, le soir venu, en été, après la récolte de la soie, avant la vendange, un ramage harmonieux de guitare avec accompagnement de flûte ou de flageolet *ad libitum*. Ça roulait, ça chantait, ça se donnait la main de mélodies en mélodies sur toutes les clefs, voire la clef des champs. Ville heureuse, où la bourgeoise et la grisette allaient de compagnie, et dansaient, prestes et légères, à l'ombre des mêmes ormeaux. Rien n'est plus dangereux, pour les chastes vertus, que ces jolies cités, dans un doux paysage, au bruit des claires fontaines, où la gaze et le linon sont à bon marché, où les fleurs se donnent pour rien.

Ce chemin qui jase et qui rit servait au chevalier des Aubiers, pour se rendre au château d'Aigues-Vives; c'était ce même village animé de mille innocentes passions, que devait traverser le baron de Vivès quand il allait, sur son cheval, passer la journée avec son vieil ami le chevalier des Aubiers ; mais, dédaigneux du village, il allait chez son ami le chevalier, par un détour. Chacune de ces visites était un grand sujet d'inquiétude au château ; mais comment la défendre ? Il y avait si longtemps que le chevalier des Aubiers était l'ami de la maison ! Il avait connu le père et le grand-père ; il avait vécu de leur vie, il les avait aidés à mourir. Il était d'ailleurs ce qui s'appelle un bon compagnon, très-jovial, et pendant la minorité du jeune Vivès, il avait fait partie du conseil de famille : — « Enfin, ma petite Jeannette, reprenait la bonne dame, on ne peut pas, conviens-en, élever un baron de Vivès comme on élèverait un séminariste. Il faut qu'il apprenne mille choses, dont toi et moi, nous n'avons nulle idée, et pourvu que nous sachions, peu ou prou, ce qu'ils se disent, là-bas, sur la terrasse, on trouvera bien le moyen de corriger mon futur avocat général. C'est sur toi que je compte ma mie. Allons, bon pied, bon œil, et bonnes oreilles.

— Et bon cœur, ma tante ! » Ainsi disait Jeannette, et, voyez l'égoïsme, à quelles cruautés peut nous conduire la plus juste ambition ! La vieille dame, en ce moment, ne voyait pas qu'elle envoyait Jeannette (une enfant), aux plus grands périls : le péril d'entendre un tas de sophismes, de mauvais conseils, et de propos mal sonnants.

« — Mon garçon, disait au jeune Vivès, le jour même où Jeannette fit son entrée en ces grandes questions, le chevalier des Aubiers, te voilà dans l'âge heureux des plus aimables folies, et tu n'en sais pas le premier mot. Laisse-moi te conduire, et je te conduirai bien. J'ai mon expérience, et pour peu que tu en saches aussi long que moi, tu sauras tout ce qu'il faut savoir. Tu as déjà dix-huit ans, j'en avais dix-sept à peine au sortir de l'Académie, et voici que je rencontre en bon lieu, chez ton propre grand-père, une dame.... une présidente. Elle avait bien trois fois mon âge, avec beaucoup d'usage du monde. Au milieu de vingt personnes, elle trouvait toujours le moyen que l'on fût tête à tête avec elle. Ah! que j'étais innocent! Je ne comprenais rien à ses petits gestes, à ses petits rires, à ses yeux tout grands ouverts; j'étais, en ce temps-là, beaucoup plus capable de faire du bruit que de parler, mais j'avais déjà, plus que toi, le sentiment de la parure, et rien ne me coûtait pour être un gentilhomme accompli. Que fais-tu, par exemple, de cette chemise filée chez toi, aux quenouilles de tes servantes, avec le chanvre de tes champs? J'avais des chemises de toile de Hollande, éblouissantes comme le soleil et je les tenais à demi fermées d'un ruban couleur de feu! J'avais à profusion du point de France, et même une mouche à la lèvre, et plus j'étais timide en mon par-dedans, plus j'affichais une insolente galanterie.

« Hélas que j'avais peur ! Mon Dieu que j'étais drôle ! Au fait, c'est amusant d'être amoureux pour la première fois ! Ça vous occupe et ça vous charme ! On est content de soi-même, on se regarde, on se contemple. On appartient à je ne sais quelle adorable circulation de sentiment, de réflexion, de désir, d'inclination, d'enchantement ; c'est proprement un charme. On se sent plus qu'un homme.... un quasi-Dieu ! On est le roi d'un royaume où l'on découvre une vaste étendue de bonheurs et de plaisirs, inconnus aux simples mortels. L'imagination est en éveil, le cœur est plein de tendresse ; il aime, il veut être aimé. Rien de plus délicieux que sa joie, et de plus charmant que sa tristesse. Il est curieux, actif, vigilant ; il admire, il cherche, il s'inquiète, il adore ; il obéit à des emportements sans nom, à des afflictions sans réserve, à des espérances sans limites. Ah que c'est bête !.... ah que c'est joli ! On est seul au monde avec *elle* ; *elle* est toute fidélité, toute vigilance. Un coup d'œil, un geste, un sourire, un soupir, voilà son langage. Amour! amour! Maître heureux de l'éloquence! Entre amoureux, les plus petits signes sont de longs discours qui charment, qui entretiennent, occupent, engagent, plaisent, enflamment. Ainsi j'étais, il y a quarante ans ; ainsi tu seras dans huit jours, mon jeune maître. Ah! langueurs sans tristesses, inquiétudes sans chagrins, transports sans emportements, troubles sans agitations, plaisirs sans douleurs, soupirs sans amertume, fureurs sans désespoir, quelles fêtes vous représentez!

« Que te dirai-je? une extase, un ravissement, une seconde âme, une double vie, une harmonie, une ère céleste! Le nom de la personne aimée, un nom aussi vulgaire que tu voudras : Fanchon, Marion, Jeannette ou Jeanneton, vous fait tressaillir jusqu'aux moelles. C'est comme le mot du guet de notre cœur. Rien qu'à l'entendre, il émeut, il arrête, il plaît.

« Symphonie universelle et source intarissable ! Il n'y a pas de printemps qui soit plus rempli, ici-bas, de roses naissantes, et là-haut, d'étoiles. Que dites-vous de cela, mon compagnon ? Que vous en semble ? Et comprenez-vous que pour plaire à une présidente de cinquante ans, j'aie à dix-sept ans rencontré de si belles paroles dont je faisais des sonnets pour l'Amour ?

« Or je fus ainsi pendant six mois, avec de grands yeux et de petits soins, et quand la dame enfin toute rougissante eut la bonté de m'entendre.... elle était en arrière de vingt-quatre heures. J'avais eu le temps de toiser ma grande passion et j'avais jeté mes plombs sur un objet bien plus proche, une ingénue, une bien disante, et bien souriante, avec beaucoup d'agréments, d'intelligence et d'assez mauvaises qualités mêlées à beaucoup de défauts charmants. Maladroit que j'étais ! Je délaissai la vieille, et je perdis la nouvelle, à force de bêtise. Je voulus la corriger, la redresser; je voulus en faire une femme accomplie.... elle évita mon piége, elle le comprit; elle m'en voulut de ma clairvoyance, et tout de suite elle se corrigea.... mais pour le compte d'un autre amoureux.

« Ainsi j'avais levé le lièvre, un autre avait eu l'honneur de l'abattre. Pour le coup, je résolus d'être un peu moins difficile, et justement je rencontre une fillette, un cœur de l'âge d'or, une spirituelle simplicité, un esprit naissant et plein d'agrément. Cette innocente en savait à peine aussi long que moi, et ses beaux yeux qui parlaient d'eux-mêmes, sans trop savoir ce qu'ils disaient, me firent confidence de sa tendresse, avant qu'elle en sût rien elle-même. O les doux moments de cet amour maladroit débrouillant tout ce petit chaos de son cœur et de mon esprit! Ses sentiments et mes lumières se fortifiaient que c'était une bénédiction; enfin je poussai mes leçons jusqu'à lui donner des leçons de défiance et de jalousie.... on n'est pas plus bête et plus niais que je le fus encore une fois! La fillette en savait déjà, grâce à moi, plus que je n'en savais moi-même; elle était devenue adroite, inquiète et précieuse, elle finit par tomber dans la mélancolie; elle trouva que je ne l'aimais plus, juste au moment où j'étais devenu fou d'amour; et tout de suite elle épousa un digne maître des eaux et forêts qui trancha le fil de mon roman.

« Et de trois. Alors arriva la quatrième; elle était, celle-là, une vraie femme, elle en avait toutes les bonnes et toutes les mauvaises qualités; elle était pleine d'imagination, mais d'une imagination sans jugement. Elle était inégale, impérieuse et violente, et de moyen âge, et laide, ah oui! mais elle excellait à souffler la flamme et le feu des grandes passions. La moquerie était son cheval de bataille; elle avait fait de l'ironie une pierre à aiguiser tous les amours. En quatre ou cinq traits, elle rendait si ridicules les plus jeunes, les plus galantes et les plus belles, que celui-là eût été bien hardi qui eût osé accorder à cette dame ainsi jaugée, un simple regard. A plus forte raison si l'on était fier et content quand cette laide habile avait accepté vos hommages. Étiez-vous tourmenté, excité, tenu en éveil ! Elle avait aussi cette habitude excellente : à peine aviez-vous rendu les armes à sa laideur, vous étiez son homme-lige, il ne fallait pas la quitter d'une heure. Où elle allait, vous alliez ; où vous étiez, elle était. Essayez de briser sa chaîne, impitoyablement elle vous traînait dans la haine et dans le mépris du genre humain. Heureusement qu'elle était inconstante et volage ; il suffisait que l'on fît semblant de tenir à sa tendresse, elle vous plantait là, au beau milieu du chemin. Et voilà comme il advint que j'en fus délivré. Telle est, mon cher ami, l'histoire de mon cœur. D'où je conclus : que la vieille et la jeune, et la mûre et la belle et la laide ne valent pas une prise de tabac. »

IV

Le chevalier disait toutes ces choses étranges avec un grand rire, et le jeune baron ouvrait une oreille inquiète, moitié figue et moitié raisin. A ces discours qui frisaient l'impiété, imaginez, s'il se peut, la colère et l'indignation de Jeannette, et de ses seize ans! Figurez-vous cette enfant cachée au bas de la terrasse, écoutant, bouche béante, et sans y rien comprendre, un tas de pareilles sornettes; mettez-y le geste et l'accent de l'homme vicieux, avec le regret des beaux jours qui ne sont plus, vous comprendrez que la fillette en fût renversée. « Ah! ma tante, ah! madame, il est perdu! M. des Aubiers lui a raconté des choses!... » Puis, quand elle voulut répéter une seule parole, il se trouva qu'elle les avait toutes oubliées. Elle ne se souvenait guère que de la malédiction de des Aubiers contre les chemises de toile écrue et contre les habits mal taillés. Oui! ma tante, il disait que M. le baron était vêtu comme un pleutre! Ah! madame, il l'a dégoûté de toutes les femmes, même de celles qui s'appellent Jeannette! Il est perdu!

— J'aviserai, reprit la dame; et d'abord, ma fillette, n'es-tu pas de cet avis de mieux vêtir notre jeune baron? Voici déjà longtemps que j'y songe et que je travaille à son nouvel équipage. Allons, rassure-toi, mon enfant, je n'en veux pas faire un galant brodé sur toutes les coutures, comme était le chevalier des Aubiers, mais il aura un bel habit de ras de castor, vert clair, doublé de taffetas de la même couleur, et la veste d'un taffetas bleu de ciel. Écoute bien : boutons d'argent et boutonnières d'argent ; galon tout plat et fort léger d'un cordonnet d'argent. On les appelle à la cour : *galons du loup*, parce que M. le Dauphin est ainsi vêtu, quand il va coure le loup dans le bois de Saint-Cloud avec son ami le comte du Roure. Il aura aussi un chapeau noir, sans plumes avec un simple cordonnet d'argent. Voilà comment il fera son entrée dans les châteaux du voisinage. On le prendra, sois-en sûre, pour M. le duc de Vendôme, ou pour son frère le grand-prieur. »

Et la pauvre enfant disait toujours : Oui, madame, il sera un cavalier accompli, mais qui le sauvera des mauvais conseils du chevalier ; qui lui servira de guide et d'appui dans les dangers qu'il va courir ?

— Ne t'ai-je pas dit que j'y songe, ô Jeannette, et ne saurais-tu te fier à ma tendresse pour mon petit-fils ? reprit la dame un peu sèchement.

Quand il vit son équipage heureusement renouvelé, et qu'il eut endossé les habits de sa condition, le jeune homme enhardi eut bientôt attiré dans son cercle et dans son rayon, toutes les jeunesses d'alentour. C'est une seule et même tribu la jeunesse ; elle s'appelle, elle se reconnaît, elle se retrouve. Un rien suffit pour que l'un dise à l'autre : « Ami, soyez le bienvenu ! » La terre et le ciel appartiennent à la dix-huitième année; elle s'appelle : *enchantement*. Tout lui convient, l'espace et le bosquet ; la chasse haletante au galop dans plaine, et la pêche au pied d'un vieux saule, au bord du flot qui jase. Il y faut peu de cérémonie : « Ah! c'est vous, Eugène? Ah! c'est vous, Aminte ? » Ajoutez la fête innocente du village voisin : le bal sur le gazon et sous les arbres ; le violon, les chansons, les brunettes, les branles et les passe-pieds. Çà et là les invitations à la ville, au château, chez les seigneurs, chez les bourgeois. Tout ce monde, aux Aigues-Vives, était peu ou prou dans cette aimable égalité qui fait que l'on ne sait pas, tant on y met peu de façon, le plus riche ou le moins noble.

A ces causes, le jeune baron de Vivès fut bientôt en grande estime et le bienvenu, dix lieues à la ronde. On l'aimait, d'abord parce qu'il était un enfant de la contrée, et bientôt parce qu'il était aimable, ingénieux, bon plaisant, sachant vivre, affable avec tout le monde. Honnête et galant homme, il rendait aux vieillards les déférences qui leur étaient dues. Il parlait aux dames avec un grand respect; il traitait gaiement et poliment les jeunes demoiselles, avec la modestie et réserve d'un fils de bonne maison qui veut plaire, et qui ne songe pas encore au mariage. Ah bien, oui! le mariage! Est-ce qu'on y songe, à ces belles heures, et quand on est si voisin de la ville enchantée, où tout vous appelle : esprit, sourire, élégance, ajustements, chansons, les grands yeux, les doux visages, les cheveux blonds, les cheveux noirs, le mois de mai, le mois d'avril !

De ces fêtes, de ces rendez-vous, de ces plaisirs presque innocents, le bourg de Vivès était la ville capitale, et l'on eût dit que la province entière y prenait le mot d'ordre en habits, en agréments, en modes nouvelles, en doux récits. Il est encore debout, ce petit hameau du pays de Thélème, hélas! pas un des habitants d'autrefois, pas une de ces jeunesses enamourées ne reconnaîtrait ces maisons pleines de rires; ces hôtelleries, du haut en bas habitées; ce carrefour où le gros bourgeois et les nobles campagnards se rencontraient, pour se donner rendez-vous le soir. Ombre et poussière ont remplacé les galantes splendeurs. Plus de bruit, plus de causerie, et plus rien de la cité d'autrefois. Le fleuve oisif a dégradé et déraciné ces îles flottantes; le fleuve de la rive gauche, autrefois laborieux, se perd dans un triste repos, confiant sa tâche au chemin de fer qui le nargue en passant. Il en est des cités comme des hommes qui les habitent : elles naissent, elles grandissent, elles sont à leur apogée ; à la fin, les voilà mortes. A peine, de cet endroit charmant, s'il reste un bon souvenir.

Cependant, transportez-vous au moment radieux de ce beau commencement de notre histoire, aussitôt tout change, et verdoie et poudroie. Évitez le détour, prenez le bon chemin, voici le village : une rue où le soleil prend ses ébats tout à l'aise, où l'herbe aiguë pointe à travers le pavé luisant. De vieilles maisons bâties en pierre dure du pays ; toute la maison est au rez-de-chaussée, au niveau du cœur des jeunes gens qui passent. Le pignon fleurit, le toit roucoule ; à la fenêtre une cage, où le merle appelle en sifflant, où le pinson le provoque, où Margot jase, où l'alouette est là qui chante. Une vigne aux longs bras étend, joyeuse, sa ramure empourprée au soleil du matin. Claire est la fenêtre, et brillant est le seuil. La porte enjouée, où resplendit une tête de faune ou de bacchante, est entr'ouverte, et vous pouvez voir, au delà du jardin plein de violettes, resplendir un filet d'argent, digne encadrement de mon tableau rustique. Ce filet d'argent est le Rhône, et tour à tour il jase, il gronde, il se fâche, il rugit, il s'apaise.... un tigre.... un enfant !

L'aimable et piquante cité ! Rien que des jeunesses, rien que des fillettes. A peine un vieillard sur le banc de pierre, et chaque homme à la vigne ou sur le fleuve. Et voilà pourquoi c'est déjà une fête, un vrai charme aussi, de traverser la petite ville. De bonne heure, elle a fait sa toilette, elle a relevé ses longs cheveux, elle a lavé ses pieds blancs à la fontaine ! Chaque fillette, à l'heure où le travail commence, est assise à sa fenêtre, et miroir deci, miroir delà, pour que rien ne passe inaperçu. Au temps dont je parle, elles brodaient au tambour, ou faisaient de la dentelle. Chacune avait son doux métier sur ses genoux, et c'était plaisir de les voir, tirant l'aiguille hors de la fenêtre, ou, sous leurs doigts agiles, entremêlant, sans les confondre, tous ces fils attachés au bois sonore. Ah! les jolies étincelles, l'heureux cliquetis de ces fuseaux d'ébène ou d'ivoire accomplissant leurs frais mystères sous ces mains diligentes! Si l'oiseau chantait, la fille aussi chantait sous son abri de pampre vert; chacune à ce métier léger gagnait au moins sa vie et son attifage. Jeunesse et galanterie, étaient le mot d'ordre en ces logis bien tenus; ajoutez courtoisie.... et pourtant le jeune baron de Vivès, la première fois qu'il se décida (enfin!) à traverser ce feu de file, se sentit pris d'une grande émotion. Le chevalier des Aubiers qui le vit pâlir, comme il touchait aux grands noyers :

« Comment, nigaud, comment, poltron, lui disait-il, voilà donc pourquoi vous preniez ce long détour, vous avez peur de vos vassales ?' Des blancs-becs de fillettes feraient trembler monsieur le baron? Mais, saprebleu ! si j'en crois mes souvenirs et les souvenirs de tes pères, il y a bien peu de ces jolies artisanes qui ne soient un peu vos cousines, monseigneur. Dans cette bicoque, où le plaisir vous appelle a régné fièrement M. Jean votre père ; votre excellent grand-père y passait de longues heures, et plus d'une fois Mme votre grand'-mère envoya chercher ici même M. son mari, que l'on trouvait accoudé à quelqu'une de ces fenêtres et causant comme une pie borgne. Ah ! vous tremblez ! vous avez peur, vous cherchez le chemin de traverse, vous tourneriez bride si vous étiez seul !.... Vous ne savez donc pas que tout ce petit monde est à la marque de votre maison ? Venez, ne craignez rien, les armes des Vivès sont gravées sur le bassin de la fontaine ; elles sont gravées sur les ailes du coq, au sommet du clocher; sur le banc seigneurial serpente en sifflant le serpent des Vivès. Sous le maître-autel repose un évêque de la maison de Vivès. »

Et comme le jeune homme hésitait encore :

« Oh là ! mon page, oh là ! criait le chevalier, qu'on m'obéisse ! »

En effet, venait le page en grande livrée et tout botté, tout éperonné, sur un grand cheval. Il tenait en main une trompe d'argent, enroulée d'un grand cordon de soie amarante, la trompe avec laquelle l'oncle Antoine avait fait tomber les murailles de Cazal pour le compte du Mazarin. Et le page, enflant sa joue, emplit d'un bruit terrible et charmant l'instrument radieux.

« Ah ! le gaillard, disait le soir même, à la douairière, le chevalier des Aubiers ; il a pourtant fait son entrée au bruit des fanfares ; et si vous saviez toutes les jolies filles qui se tenaient sur leurs gardes meurtrières, et qui sont accourues sur le pas de leur porte pour le bien recevoir ! Certes, de part et d'autres, ils se sont reconnus du premier coup d'œil, et moi je les ai laissés se contempler et se sourire, et m'en suis revenu avec mon trompette. Ah ! le joli enfant que vous avez là, madame, et qu'il est doux, naïf, bien élevé ! Trop de gourme, il est vrai, mais lorsque, avec l'aide de Dieu et de ces demoiselles, il sera quelque peu déniaisé, vous verrez revivre en lui toute la fleur de nos aïeux. »

Ce fut ainsi que le jeune homme entra dans le monde. On eût fait un monde exprès pour lui, on ne l'eût pas fait plus vivant, plus animé, plus tendre. Il reconnut toutes ces fillettes pour les avoir vues petites filles ; il avait été avec elles à l'école, il leur donnait son pain blanc en échange de leurs fruits mûrs. Et puis, il était leur seigneur, elles étaient ses vassales ; bien peu de ces familles rustiques qui ne se souvinssent des grâces et des bienfaits de ces dames les présidentes, de ces seigneurs les capitaines. Que de berceaux achetés pour les enfants, que de beaux voiles pour les nouvelles mariées, que de fermages oubliés par le maître, et de redevances tombées en désuétude! Ainsi, le jeune homme était aimé pour lui-même et pour ses ancêtres. On les avait vus si grands, on l'avait vu si petit! Encore aujourd'hui, dans la chapelle de la vierge on admirait un *ex voto* de l'ancienne dame. Elle avait offert le présent petit Vivès de trois jours, en argent massif, et l'on voyait facilement dans cette image, que cet enfant tant appelé, n'était rien moins qu'un beau garçon. Par ce voisinage, on comprendra tant de séductions, innocentes, il est vrai, mais quoi ? le diable en sait long !

Quand elle eut bien ri, quelque peu contrainte et forcée, du rire même de ce *bon* chevalier des Aubiers, avec un peu de réflexion, ce voisinage de la petite ville finit par devenir inquiétant pour la grand'mère. On avait beau rire des timides amours de M. le baron, elle se disait, en son par-dedans, que les timidités des Vivès n'étaient

pas de longue durée. Enfin, elle savait de
bonne source que ces amours par la fenêtre, et ces causeries au niveau de la
croisée, entre fillette et garçon, n'étaient
pas le seul danger de ce pandémonium
babillard de dentellières et de brodeuses.
Il y avait en ce lieu affairé, ce qu'on pouvait
appeler la ville basse et la ville haute; il y
avait le caquetage assez innocent de l'en-
tre-sol, mais aussi la cérémonie et les beaux
discours de deux ou trois maisons à porte
cochère. Signalons parmi ces principaux
dangers, l'hôtel de Bardy, habité un peu
plus que bourgeoisement, par Mlle Olympe
de Bardy, au beau milieu de la place
Royale de Vivès. Cette aimable Olympe
était, sans nul doute, un beau brin de fille.
Elle était, à volonté, rustique et citadine.
Elle parlait le patois, elle savait le fran-
çais. Elle était habile à jouer de tous les
instruments de musique dont les personnes de qualité peuvent se servir sans déro-
ger. On l'avait élevée aux Ursulines de

Mâcon-sur-Saône, où elle avait appris à se coiffer, à se friser, à danser, à chanter; l'art des confitures et du blason. Comme elle était très-jolie, elle était loin du ridicule, et son affectation même était bienséante. Elle était bien faite; elle portait gaillardement les plus belles robes sur un corps en bon-point, et le mieux proportionné, à vingt lieues à la ronde. Ajoutez un' fort grand éclat de blancheur et nulle défiance d'elle-même. Ainsi faite, elle attendait l'occasion sans la heurter, se répétant sans cesse, que la beauté est souveraine, et qu'après tout, ce serait bien sa faute si, bien vite, elle n'avait pas son tour. Quant à sa renommée, elle était bonne encore; on avait bien un peu caqueté avec M. Pierre, avec M. Jean, mais, sans rien conclure. Enfin, telle qu'elle était la demoiselle, en ses jours de modestie, avait la ferme assurance qu'elle épouserait, à son premier ordre, un commis de l'intendance; un notaire royal, un receveur des gabelles, ou quelque chose approchant, mais ces beaux mariages lui faisaient peu d'envie. Elle avait tout le temps de prononcer le *oui* vulgaire; elle se hâtait peu de choisir dans la foule des godelureaux de village, et le beau motif d'aller si vite à l'autel pour être Mme la baillie, ou Mme l'élue, à vingt ans?

Toutefois, le jeune baron, quand il eut innocemment babillé avec les rez-de-chaussée, sans façon et sans prétention, tournait autour de la belle Olympe, et, cherchant sa proie, sans se donner le mot d'ordre, ils s'entendirent à merveille. Il était galant, elle était belle; elle aimait la danse, il savait le refrain de ses chansons. Comme il était un grand seigneur, comparé au louvetier que Mlle Olympe reconnaissait pour son père et dont elle ne se vantait pas, d'habitude, il l'avait pris d'assez haut avec la dame, et bien qu'elle fût passablement insolente et délurée, elle avait très-bien supporté cette suprématie honorable qui faisait disparaître une ou deux, voire trois jeunes années que la demoiselle avait en plus sur le jeune monsieur. Autre avantage et nouveaux dangers : elle lisait beaucoup de romans en prose, et cette prose et ces romans, transportés dans ces beaux yeux d'une vive couleur d'acajou, passaient à l'état d'incendie. Ajoutez que le baron lisait de son côté les élégies de Ronsard, les sonnets de Malleville et les chansons de Bertaut. Toute la pléiade, il la savait par cœur. Ces braves gens d'autrefois, jeunes et vieux, étaient sensibles au moindre divertissement de l'esprit. D'un bout de la France à l'autre, on n'entendait parler que des belles ruelles, et sur le tantôt, vous pouviez être assuré que, dans tout le royaume, les Cidalises écoutaient les Bassompières qui leur récitaient des sonnets de leur composition. Mlle Olympe, elle aussi, avait sa ruelle et ses jours d'appartement, deux fois par semaine, à midi. Comme elle savait, d'instinct, que la rivalité est la sœur jumelle de l'amour, et que quatre ou cinq amoureux autour d'une belle aident à la trouver charmante, elle avait fini par attirer dans son cercle une dizaine, tout autant, de jeunes gens, amoureux de sa beauté, auxquels s'étaient bien vite adjointes quatre ou cinq demoiselles agréables, contentes d'elles-mêmes, à qui leur miroir disait chaque matin : « Va sans peur, ma fillette, et va dans tes sentiers ; aujourd'hui, demain, dans huit jours, tu trouveras quelque amoureux à conduire où tu veux aller. »

V

CES réunions galantes, où les beaux yeux brillaient plus de flamme amoureuse que de bel esprit, consistaient à se regarder, à se plaire, à se dire en riant mille douceurs, à se raconter des histoires gaies, terribles, naïves. Nécessairement ces belles histoires parlaient sans cesse et sans fin des peines, des combats, de l'espérance et des plaisirs de l'amour.

« Mon Dieu! disait un jour Mlle Olympe à M. Louis de Boispréau, le châtelain de Beaugency, c'est bientôt dit : « je vous aime! » et vous le dites bien; mais, s'il vous plaît, qu'en savez-vous ? Les hommes savent-ils jamais ce qu'ils aiment? Écoutez, messieurs, le conte que voici :

Il y avait à Grenoble, un homme âgé de trente ans déjà, qui n'avait jamais aimé. Un jour d'avril, comme il se mettait à la fenêtre, il aperçoit dans une maison voisine une aimable personne en déshabillé bleu de ciel qui jouait très-agréablement du clavecin. Elle chantait, d'une voix douce, un motif de Lully. Les manches de sa robe, ouvertes aux deux bras, couvraient à demi ses belles mains, qui parcouraient l'instrument avec beaucoup de vitesse et de grâce. Elle accompagnait chaque note d'un petit mouvement tendre; et ce tour de tête ajoutait beaucoup à l'agrément de cet air bien chanté. Pensez donc si le cavalier, dont le cœur n'avait pas encore parlé, devint toute émotion, toute attention. — « Ah ! disait-il, les bras charmants, la voix légère, et la main frêle, et que mon inconnue est bien tournée, ainsi vêtue, et chantant si doucement à l'heure où les oiseaux chantent le mieux ! » Il regrettait cependant que ce visage de muse échappât à sa contemplation. Il se disait : « Qu'elle est jolie !.... » Il ne l'avait pas vue. Il attendit, mais en vain, qu'elle tournât ses beaux yeux de son côté.... elle appartenait tout entière à ces tendres mélodies. « Sur ma vie et sur mon honneur, se dit le cavalier, je n'aurai pas d'autre épouse. » Et déjà gagné par cette aimable langueur, il s'abandonnait aux plus heureuses rêveries. L'enchantement dura plus d'une heure ; à la fin, quand la dame eut cessé de jouer et de chanter, sans détourner la tête, elle passa dans un autre appartement, emportant l'âme et le cœur de ce captif qu'elle n'avait pas daigné regarder.

« Cependant, messieurs, le voilà pris pour toute sa vie. Il se rappelle, avec un charme infini, les moindres détails de cette personne adorée, et, même en fermant les yeux, il revoit cet habit taillé par les fées nonchalantes, ce cou charmant, ces deux bras, ces deux mains, ce tour de tête. Il était étranger dans la ville, il n'y connaissait personne; il lui fallut un certain temps pour faire venir certaines lettres qui le recommandaient à des gentilshommes du voisinage. Il apprit enfin que la belle fille au clavecin avait pour père un bon gentilhomme, ancien gendarme du roi, revenu du service, et qui vivait en vrai seigneur, tantôt à la ville et tantôt à la campagne. Il était justement parti pour la campagne, et quatre ou cinq jours se passèrent encore avant que notre amoureux se fît présenter chez ses amours. La porte à la fin s'ouvre; on le nomme, on le présente ; et voyez sa peine! au lieu d'une fille, il en voit trois; chacune élégante et jolie, et de même façon vêtue en printemps, chacune aussi jouant du clavecin d'une main diligente, et chantant les mêmes chansons d'une voix tendre. Ah!

le malheureux, en quel doute et dans quel embarras le voilà! Laquelle des trois a su lui plaire? A quelle beauté son serment l'a-t-il attaché d'un lien éternel? Il doute; il hésite! L'aînée est si belle, et la cadette est si charmante, Mlle Seconde a tant d'enjouement, un si doux rire! En même temps, la différence était si peu de chose entre ces voix pures! Quant à demander à chacune de ces belles, par grâce et par pitié, madame, étiez-vous à votre clavecin, tel jour, à telle heure?... elles ne savaient que répondre. Et l'une ainsi valant l'autre, il se disait : « Je n'épouserai que celle que j'aime.... » Incertain, et n'en voulant pas démordre, il n'épousa personne. Après avoir bien penché pour celle-ci, pour celle-là, pour la troisième, il eut si grand'peur de ne pas épouser justement celle qu'il aimait, qu'il prit la fuite; et voilà, messieurs, disait Mlle Olympe, en façon de péroraison, comme on ne sait pas qui l'on aime, quand on est amoureux.... à plus forte raison si l'on n'aime pas ! »

Ces choses-là, qui étaient peu de chose, elle les disait à merveille, en vraie rieuse et parfois avec un léger soupir, tout plein de sentiment et d'habileté, qui allait à quatre ou cinq adresses différentes, en même temps.

« Je ne suis pas tout à fait de votre avis, mademoiselle Olympe (en ce moment c'est le jeune baron qui parle), et plus que vous, qui n'y croyez guère, je crois à la toute-puissance de l'amour. »

Après ce léger exorde, il raconta fort gentiment, l'historiette que voici :

« Nous connaissons tous, madame et messieurs, la jeune comtesse de Valdonne ; il n'y a pas de jeune femme, en sa jouvence, plus adroite et plus vaillante à suivre un loup à la piste, à courre un cerf à cheval. Elle aime à l'adoration son mari, bien qu'il soit, selon moi, un ours assez mal léché. Je vous dirai, s'il vous plaît, comment elle et lui, saisis d'une inspiration soudaine, ils se sont épousés.

« La jeune demoiselle avait pris le voile blanc chez les dames de Sainte-Thérèse, et très-impatiemment, elle attendait qu'au bout d'une année, elle prît le voile noir. Malheureusement pour son âme, heureusement pour nous, messieurs, la novice avait pour mère une élégante, une coquette, et sa mère, à chaque instant, la venait visiter dans un habit nouveau, dans une nouvelle parure. Ainsi, c'était chaque jour dans ce parloir, transformé en boudoir, riches falbalas, jupes voyantes, mantelets, bas à jour, tout l'attirail, si bien que la guimpe en parut fade à la novice, et que la jeune postulante, se mit à songer de son côté aux robes voyantes, au point d'Angleterre, aux voiles brodés, aux beaux plis que fait le linon transparent sur une gorge de quinze ans. Cependant, comme elle était fière et bien entourée, et qu'elle eût rougi de se dédire, et d'ailleurs le temps de sa profession approchant, elle alla résolûment à l'autel. Grande fête, on le sait : prêche et musique, et les plus doux cantiques sur les airs profanes, avec accompagnement de théorbe et de flûte douce. Dans l'assistance, il y avait justement M. de Valdonne. Il revenait des Flandres, où il avait reçu cette admirable balafre en plein visage, avec la croix de Saint-Louis. C'était un bel homme, et tout rustique, et tout militaire; et pourtant, dit l'histoire, il n'avait jamais aimé. Il était dans le chœur en simple spectateur, qui trouvait déjà que l'office était un peu long. Mais quand il vit apparaître en ses habits superbes, attifée et parée à ravir, la tête chargée de fleurs, le cou resplendissant d'émeraudes, cette belle personne, aux yeux voilés de mélancolie, au sourire effacé par des terreurs naissantes, il fixa sur elle un regard si tendre et si triste à la fois, et soudain, bonté divine, ces deux regards se rencontrèrent dans une passion si dévouée et si profonde, que le prêtre, avant de couper ces beaux cheveux, avant d'ensevelir cette beauté parfaite sous un linceul éternel, ayant adressé à la novice la grande question : « Que demandez-vous, ma fille ? » Alors (qui l'eût dit ?) cette enfant éperdue et triomphante, et les bras tendus vers Valdonne : « Ah! dit-elle et sans hésiter, voilà ce que je demande! » et lui, plein d'amour, plein de joie, et d'un orgueil ineffable, il tombe aux pieds de cette beauté que le sépulcre attendait. L'émotion était générale, la mère était là, pleurante, et chacun d'applaudir à ce mariage improvisé. Sur l'heure même ils furent mariés par le prêtre qui devait consacrer la novice, et l'abbesse elle-même accepta le changement. Voilà, mademoiselle Olympe, et j'en suis fâché pour vous, qui voulez, que chaque mot à votre adresse, on le souligne, voilà ce qui s'appelle un véritable amour, voilà des amoureux qui savaient bien ce qu'ils voulaient. »

VI

CES deux histoires vous donnent une idée approchante de ces causeries, voisines de la carte de Tendre, et de l'hôtel de Rambouillet. Les passions de ces dames et de ces messieurs du grand siècle tournaient, le plus souvent, autour du cœur sans y entrer bien avant. Certes, le danger n'était pas immédiat : toujours était-ce un danger.

Après les menaces de la coquetterie et de l'amour, venaient pour le jeune baron, les périls de la chasse. O dieux et déesses ! vous savez bien que si je parle ici de la chasse, à coup sûr je ne songe guère à la haie, au fossé, au maladroit qui vous crible un chapeau de son plomb. La chasse, au dire du chevalier des Aubiers, a des dangers plus sérieux. Elle est un prétexte aux grands dîners, les grands dîners amènent naturellement les bons vins, les bons vins remplissent les grands verres, et le grand verre est plein de querelle autant que de joie. Après ces longs repas, que faire, à moins que l'on ne joue? Or, le jeu est dans l'air, en cette province des vignobles, où la vigne elle-même est un jeu de la pluie et du beau temps, de la gelée et du soleil; un jeu qui vous fait riche ou pauvre au gré du vent qui souffle... Eh bien! c'est dit : cette aimable province était joueuse; on y faisait, on y défaisait, la carte en main, de grandes fortunes. La carte et le dé n'étaient pas en grand mépris dans la contrée, et déjà l'on disait tout bas que le jeune baron avait perdu d'assez jolies sommes, qu'il avait galamment payées. Ses voisins savaient que ses terres étaient bien cultivées, que ses vignerons lui devaient les deux dernières récoltes, que sa parole était sûre et son jeu plein de distractions. Chacun disait : « C'est un beau joueur! » et les moins futés cherchaient une occasion de jouer avec lui.

De tous ces bruits, de ces fêtes diverses ; des perdreaux tués dans la plaine et des bec-figues touchés au passage ; du bal champêtre et des petits concerts à la ville, où Mlle Olympe, en virtuose, faisait sa partie, enfin de cet argent perdu, de cet argent gagné; de ces repas homériques, de ces billets doux colportés à travers champs, sortaient des fumées, des indices, disons le mot, des terreurs, dont Mme la douairière d'Aigues-Vives, perdue et silencieuse en son fauteuil, composa tout un ensemble d'événements innocents, c'est vrai, mais d'autant plus dangereux. Elle aimait son jeune baron pour lui-même et pour elle-même ; elle avait rêvé qu'elle en ferait un magistrat, un homme d'épée au pis aller, mais sans nul doute un honnête homme ; et voici qu'à cette heure, il côtoyait toutes sortes de petits abîmes dans lesquels il pouvait tomber. L'entourer de gronderies, de remontrances et l'accabler de sermons, c'était tout perdre ; et puis quel ennui pour la grand'mère et pour le petit-fils ! Il avait d'ailleurs, des instincts excellents, le cœur le plus noble, une âme intelligente et pleine de foi. Il était né croyant ; il croyait même aux Génies et même à la fée. Il n'était pas impunément un grand lecteur d'Homère et de Virgile et des petits poëtes qui jouent chez nous le rôle d'Ovide en ses métamorphoses, en ses amours. Il avait lu naguère, avec un ravissement ineffable, un long poëme animé de toutes les grâces de la vie et de la fiction orientale : les *Mille et une Nuits*, ce rêve éveillé de toutes les splendeurs : fantaisie, éclat, palais, cabane, eau qui chante, oiseau bleu couleur du temps, le kalender borgne et le prince charmant; les princesses en robe de satin cramoisi qui marchent sur les vertes pelouses; les paroles mystérieuses : *Césame, ouvre-toi!* qui font que soudain chaque porte est ouverte et que tout mystère est connu. Tel est ce livre aux enchantements immortels. Le jeune homme en était encore ébloui. Plus d'une fois il avait invoqué la fée, et plus d'une fois elle avait répondu tantôt dans le nuage et tantôt dans l'écho. Cette jeune âme animait toute chose autour d'elle, et ces beaux regards remplissaient l'étoile de leur fièvre amoureuse. Ainsi le jeune homme était prêt à tout croire, aussi bien qu'à tout aimer.

Cependant l'automne allait finir; le soleil, de ses derniers rayons, remplissait la vaste campagne. Un grand silence avait envahi ces pentes, ces collines, ces rochers dépouillés de leurs raisins mûrs. La nature, en ce moment, se reposait d'avoir tant produit; lassée et calme, elle était semblable à la mère de famille qui vient de mettre au monde un nouvel enfant, et qui le regarde avec amour. Depuis huit jours les amis du jeune baron s'étaient envolés çà et là dans toutes sortes de directions; Olympe elle-même, à demi contente, et mécontente à demi de son timide amoureux, était allée à quelque vendange lointaine, avec la ferme résolution dé forcer le jeune homme à dire enfin son dernier mot de ces lentes amours. Le chevalier des Aubiers ne donnait pas signe de vie, et Jeannette était on ne sait où..... mais, absente ou présente, elle n'occupait guère les yeux du jeune homme, aux faciles enchantements.

« Allons, mon enfant, disait Mme d'Aigues-Vives à son petit-fils, nous voilà tête à tête, et, pour ma part, j'en suis contente; et toi ? Nous jouissons si peu l'un de l'autre, et si souvent tu vas à travers champs, folâtre et joyeux; c'est de ton âge ! Au fait, mon fils, je suis sûre en ce moment de silence et de repos, que votre heureuse maison vous paraît bien esseulée, et votre aïeule bien maussade. O malheur! pas une visite, et pas un message! On est seul, on est livré à soi-même, on ne sait que faire et que devenir, et voici, lecteur insatiable, que l'on emporte avec soi, Dieu me pardonne, le Cabinet des fées de Versailles et de Trianon. »

Or, ce même jour, quand il eut bien souri à sa bonne grand'mère, et qu'il eut promis de revenir pour le souper, le baron s'en fut, tout rêveur, dans le vieux parc, où rarement il portait ses pas. De ces hautes futaies, pleines d'une sombre horreur, on n'en voit plus guère aujourd'hui. De nos jours, plus d'écorces séculaires; sitôt que l'arbre est en âge, on le tue. Il demande en vain grâce et pitié, pitié pour ses vieux ans, pour son ombre austère et charmante... on le livre au bûcheron. Il tombe et laisse autour de soi une place à jamais dévastée; il tombe et les chansons s'arrêtent; au loin s'en va l'oiseau poussant un cri plaintif; la mauvaise herbe et la ronce et la broussaille ont bientôt remplacé le roi découronné de la forêt. Ainsi la dévastation se propage et le triste héritier de ces domaines, que nul respect ne protége, restera le plus souvent pauvre et nu entre la maison en ruine et la forêt abattue. *Aujourd'hui* s'inquiète si peu de *demain!* La génération qui passe est si parfaitement oublieuse de la nation à venir! Mais quoi, le jeune homme, allant sous ces beaux ombrages, ne songeait guère à toutes ces déclamations. Il rêvait à la dernière vendange, aux jeunes gens courbés sous les corbeilles, aux jeunes filles accourant, la serpette en main, pour remplir de grands paniers déversés dans les grandes cuves. Si par hasard, dans ces visions, passait Olympe avec un sourire, il souriait, et tout de suite, il revenait aux cris joyeux sous les pampres, aux yeux folâtres, au badinage innocent....

Ainsi, sans le savoir, sans le vouloir, il entra dans cette partie obscure et peu fréquentée, où le grand parc, tournant brusquement, s'enfonçait dans une vaste clairière. Au fond de cet abîme de feuillage, on entendait murmurer la fontaine sacrée, où déjà voltigeaient, sous les derniers efforts du crépuscule, un essaim de doux fantômes. Arrivé là, le baron de Vivès se sentit pris d'une étrange émotion. Les récits de son enfance, oubliés longtemps, lui revenaient en mémoire. Il se rappelait que sa marraine et son parrain l'avaient fait baptiser avec l'eau de la source; on lui avait dit souvent que lui-même il portait le nom de la fontaine, et souvent aussi sa mère, qui n'était plus, l'avait conduit par la main en cet endroit écarté et le plongeait dans ce bain frais. — « Suis-je assez injuste, assez ingrat, se disait-il, pour avoir oublié la source vive dont je suis sorti? » En même temps, il s'asseyait sur le banc de mousse, où si souvent sa mère, en rêvant, s'était assise, et bientôt la nuit tombant du ciel, et la vapeur sortant de la fontaine, il entrevit confusément, dans le lointain, comme un vaste portique ; et, sous ce portique, il lui sembla que se promenaient les hommes et les femmes de sa maison, comme autant d'images qui seraient descendues de leurs cadres. Ils se parlaient tout bas, allant et venant sous les arbres, et parfois ils jetaient un regard attendri sur le dernier héritier de leur race et de leur nom. Que ce fût une vision, un mirage, un songe sorti par la porte d'ivoire, le jeune homme à peine en douta. Il reconnaissait son père, il reconnaissait sa mère et l'oncle Antoine ; il retrouvait ses aïeux les capitaines, et ses aïeux les magistrats. Il voulait leur parler, la voix lui manquait ; les étreindre, il ne prit que des ombres ; et, plus la nuit tombait, plus ces personnages semblaient se rapprocher. Même, il en vit un de plus haute stature et tenant à la main une enfant de cinq ou six ans, pâle et triste, et dont les grands yeux effarés semblaient chercher une mère absente. Il n'y avait rien de plus joli que cette enfant des Vivès, reconnaissable aux traits de la race. Ah! le triste et charmant visage! Et les beaux yeux qui vous regardaient doucement!

Elle avait les bras nus, les pieds nus, et, chose incroyable! il arriva tout d'un coup que ces dames et ces seigneurs, disparurent à la façon des fantômes, pendant que cette enfant inconnue et sans nom grandissait, et de minute en minute, allait à l'adolescence. Il ferma les yeux pour échapper à cette vision; quand il les ouvrit, il retrouva, mais plus grands et remplis d'une flamme ingénue, ces deux yeux qui brillaient dans l'ombre. Alors, prêtant l'oreille, il entendit, sous ces pas légers, craquer des feuilles déjà desséchées, puis une voix des sphères d'en haut lui parla en ces termes :

« Mon cousin, nous vous avons attendu

trop longtemps; soyez le bienvenu dans la vallée heureuse, où vous descendrez quelque jour, ombre avec des ombres, et veillant à votre tour, du fond de la tombe, sur les enfants de vos enfants. Vous saurez alors de quelle inquiétude est poussée une âme chrétienne à venir en aide au jeune imprudent sans guide, uniquement obéissant à toutes ses passions. C'est pourquoi vos aïeux et les miens m'envoient afin que vous écoutiez leur ordre absolu. A genoux donc, mon cousin; tendez-moi l'index de la main droite et recevez, comme un don précieux, l'anneau que voici! »

Le jeune homme, à ces mots, se mit à genoux sans répondre; et la main du fantôme, une main tiède et qui tremblait comme la feuille des bois, passait au doigt annulaire une bague où brillait, parmi des caractères cabalistiques, une large opale aux reflets nacrés. En ce moment, il semblait au baron que le fantôme aux blancs vêtements devenait un léger nuage.

Il ne vit plus ce beau front, ces longs cheveux, ce sourire angélique et ces pieds blancs qui tenaient à peine à la terre. Il ne vit qu'une ombre, une forme incertaine.... et la voix rassurée, à mesure qu'elle parlait de plus haut :

« Adieu donc, dit-elle, unique héritier des Vivès ; tu me reverras une fois dans ta vie, et, cette fois, ce sera encore pour te sauver. Cependant, que cette bague à ton doigt te représente un ordre absolu, l'ordre d'en haut : d'être un honnête homme, un galant homme, et de marcher dans les étroits sentiers. Cette bague à ton doigt, si tu es assez heureux pour entendre un bon conseil, te servira de guide et de mentor. En toute occasion difficile, et sitôt qu'un doute aura pénétré dans ta conscience, il faut consulter cette opale ; elle est fée ; elle a le don de seconde vue. Unie à ton doigt, elle te devine ; elle saura tes moindres pensées, elle te rendra compte à toi-même de tes moindres actions. Tant qu'elle sera brillante, allons, courage, et marche hardiment à ton but ; mais si jamais tu la vois pâlir, si la voilà qui brille un instant d'un feu moins vif, prends garde à ta vie, et surtout prends garde à l'honneur ! »

Disant ces mots, disparut l'ombre. On eût dit un rayon déchirant le nuage.... et la fontaine, d'un murmure plus triste et plus doux, saluait le fantôme évanoui. Le vent qui s'élevait à cette heure, et la nuit profonde, et le silence à travers ces rochers, ces ormeaux, ajoutaient à la solennité de la scène. A la fin, et s'arrachant au songe évanoui, le jeune aventurier revint de la fontaine, en se demandant s'il était vrai qu'il eût *vu*, s'il était vrai qu'il eût *entendu !* La bague à son doigt suffisait à peine à le convaincre. Et pourtant il voyait le précieux talisman briller dans l'ombre. Il eût marché longtemps, au hasard, s'il n'eût pas entendu la cloche du château. Il était assez rare, en effet, qu'on le rappelât de cette sorte ; et d'ordinaire la grand'mère attendait patiemment que son petit-fils fût de retour. Donc la cloche annonçait une visite; et cette visite on l'eût devinée à l'épaisse fumée qui s'échappait de la cheminée des cuisines, aux clartés qui brillaient dans le salon, le salon ne s'allumant qu'aux grands jours. Toute une société de voisins égarés à la chasse avait envahi les Aigues-Vives, et la douairière hospitalière faisait de son mieux, pour que le temps parût moins long à cette aimable et bruyante compagnie.

« Arrivez donc, mon cher enfant, dit la dame au moment où le baron entrait dans le salon, les yeux encore éperdus, la tête effarée, arrivez donc ; vos amis vous attendent, mais, rassurez-vous, j'ai fait préparer le souper. »

Le souper cuit à point, fut posé sur la table ; deux valets de chambre apportèrent la dame à sa place accoutumée. On mangea beaucoup, on but davantage ; les propos joyeux allant et venant d'un bout de la table à l'autre. Ça rit si volontiers, la jeunesse! Au milieu du repas, la dame des Aigues-Vives, avec un doux sourire, prit congé de ses hôtes :

« Amusez-vous bien, leur dit-elle, et ne craignez pas de me réveiller. Je couche au premier étage, et je dors comme une marmotte. »

A ces mots son petit-fils l'emporta dans ses bras, si légère qu'elle était. Puis l'ayant baisée au front, il revint à ses amis les chasseurs. Déjà la vision était bien loin de son esprit, déjà le talisman était oublié.

« Amis, disait-il à la fin du repas, qui fut plein de joie et de petillement, que faisons-nous ce soir ?

— Venez avec nous, répondaient les convives. Un *médianoche* comme à Versailles, nous attend quelque part. »

A ces mots ils montèrent à cheval, et Vivès les suivit, se laissant conduire, en marchant le premier. Ils étaient une douzaine à cheval, dans ces grands bois, chantant mille refrains de chasse et d'amour, puis soudain ils s'arrêtèrent, devinez où ?... sous le balcon d'Olympe ! Elle était partie; elle était revenue; elle avait invité les amis du baron, comptant qu'ils ne viendraient pas seuls, et cette fois elle n'avait pas compté sans son hôte. Bien tenue était la maison, bienvenus étaient les jeunes gens ; Olympe avait appelé à sa fête les plus belles artisanes qui se miraient dans leur plumage, et naturellement la fête commença par des chansons.

Ces belles mains, ces belles voix se passèrent l'une à l'autre, avec des gaietés charmantes, la guitare en écaille à trois cordes, et voici la chanson que chantait Olympe à ses jeunes invités, regardant tantôt celui-ci, tantôt celui-là, mais le plus souvent son ami le baron :

> Vous vous plaignez qu'Iris est trop sévère,
> Que jamais elle n'aimera,
> Aimez-la tendrement, prenez soin de lui plaire,

Amour vous aidera,
Laissez-le faire.

Engagez-la dans ce tendre mystère,
Toute sa rigueur finira.
Aimez-la tendrement, prenez-soin de lui plaire,
Amour vous aidera,
Laissez-le faire.

De leur côté les jeunes gens (la muse est favorable à ces réponses) répondaient à ces chansons, par des chansons :

Qui veut vivre sans peine,
Qu'il vive sans amour.
Ce tyran nuit et jour
Nous réduit à la gêne
Sans espoir de retour.
Qui veut vivre sans peine,
Qu'il vive sans amour.

Telles étaient ces chansons plus remplies, certes, d'actions de grâce pour des faveurs déjà reçues, que des plaintes d'un amour malheureux.

VII

Ces belles voix fraîches et gaies, empruntaient aux poëtes de la Provence, enfants de Clémence Isaure, leurs couplets les plus aimables. Chacune en savait, que ne savaient pas les autres, et l'élégie et l'air à boire, et le conte et le miracle, allaient, de compagnie, en ces roucoulements. Or quand elles eurent bien chanté, elles dansèrent. La danse après la chanson, quoi de plus juste? Elles avaient des tailles à tenir entre les dix doigts d'une main fluette, et de loin on les eût prises pour des roseaux qui vont se briser. *Je plie et ne romps pas!*

c'était leur devise. Nos présentes fillettes ont perdu ce grand secret de force et de santé, de vie et de gaieté, de vraie et sincère intelligence avec les belles danses où se déployaient les belles grâces. A voir tant de joie on se serait cru dans la chambre même où le roi d'Assyrie attendait Mandane, au milieu des lumières et des fleurs. Ces dames étaient contentes, sans autre souci que d'être belles et de bien danser ; ces jeunes gens étaient heureux, sans autre ambition, par-ci, par-là, que d'attraper un sourire, ou le coin d'une joue, où l'on dépose, en valsant, un baiser.

Quel bonheur à bon marché ! Ils auraient dansé comme cela toute la nuit, sans cette l'autre passion, dont je vous parlais tout à l'heure, ardente aussi, à laquelle ils ne résistaient guère, après la danse et les chansons.... C'était le petit jeu d'abord, puis le gros jeu, plaisant aux jeunes gens, aimé des belles. Elles y gagnaient toujours quelque chose, chacun des joueurs donnant un intérêt dans son jeu, à sa favorite, à sa voisine, au premier sourire, au premier regard qui lui portaient bonheur. Chacune à ce jeu-là, le vrai jeu de l'amour et du hasard, tenait la carte à son tour, attendant du joueur son camarade, un geste, un ordre, un conseil. Par grand hasard, Olympe était le partenaire du baron. S'il était beau joueur, elle était belle joueuse, et comme ils ne tenaient guère à l'argent, ils perdirent volontiers les premières parties, jusqu'au moment où le jeu s'étant échauffé, ils gagnèrent elle et lui, coup sur coup.

Le *roi* et la *reine* avec les *atouts* étaient décidément les premiers valets de Mlle Olympe, et tant et tant, conseillée par le baron, ils gagnèrent, qu'au bout d'une heure ou deux, toutes les amourettes étaient oubliées. Que dis-je? il n'y eut pas un seul des invités à cette fête qui n'eût déjà perdu tout ce qu'il pouvait perdre et même au delà. Olympe en avait la fièvre, et le baron, qui l'eût dit pour un amoureux? en ressentit un contentement qui soudain lui fit peur. Il eut honte en lui-même de tant d'argent gagné si vite, et d'un coup d'œil jeté par hasard sur l'opale, il lui sembla qu'elle était déjà moins brillante. Alors arrachant les cartes obéissantes aux mains d'Olympe :

« Amis, dit-il, je vous donne une revanche en trois coups, » et soudain la chance en effet passa du jeune homme à ses amis. Tout ce qu'il avait gagné fut perdu, moins une bagatelle. Olympe en vain lui disait :

« Vous jouez mal, vous prenez une carte pour une autre, et voici deux *atouts* que vous jetez mal à propos ?... »

Il n'écoutait pas Olympe, il jouait à sa guise; il ne voulait pas de ces tristes faveurs de la déesse aveugle, et de toute sa force, il rendit l'argent qu'il avait gagné. Au même instant, dans ce petit monde, rentré en grâce avec la fortune, revinrent les doux propos, les folles gaietés, revint aussi la tendresse. Ils appartenaient au jeu tout entiers, tant que le jeu les maltraitait ; quand ils se sentirent en argent comptant, ils ne songèrent qu'à plaire à leurs dames, et de nouveau, le jeune seigneur de Vivès vit briller la douce opale. Il avait la main belle et franche, à son doigt ce bijou mystérieux s'ajustait à merveille. On voyait autour de l'anneau gothique, une salamandre, et les armes des barons de Vivès : *D'azur à bandes d'or, chargées de deux croisettes accompagnées en chef de deux roses et en pointes de deux mollettes d'or.* Bref, magie à part, c'était un bijou rare et curieux.

Sur le balcon dont la porte était entr'ouverte, Olympe et le baron se rencontrèrent. Le ciel était splendide, et la lune abondante en clartés sereines. En ce moment la jeunesse, et les plus chères espérances de l'amour doucement éveillées, inondaient de leurs rayons le front charmant de la belle fille. D'abord ils se regardèrent, sans mot dire, en s'entre-donnant de l'amour, plus encore qu'ils n'avaient fait jusque-là.

« Chère Olympe, est-ce vrai que vous m'aimez? disait le jeune homme.

— Oui, disait-elle, on vous aime, et demain, nous vous attendrons à minuit.

— Y pensez-vous? reprenait notre amoureux, il fera grand jour à minuit, demain, témoin ce bel astre au plus haut des cieux. Je ne veux pas vous compromettre, Olympe, attendons quelque nuit favorable.

— Au contraire, il me faut toutes les clartés que voilà, disait la jeune fille, et demain quand vous viendrez à ma porte, hardiment frappez, la porte s'ouvrira. En même temps sur la muraille, à ce crochet du montoir, vous attacherez votre cheval, et la ville entière saura que le baron de Vivès a passé la nuit chez Mlle Olympe de Bardy. Voilà ma condition ; il faut qu'on vous voie ; il faut qu'on le sache, ou sinon, non ! »

En même temps, elle lui prenait la main, de sa main fraîche et brûlante à la fois..

« Ah! mon ami, vous avez là un bijou vraiment royal.

— Essayez de le prendre, Olympe, il est à vous.

Mais vaine espérance, et vains efforts ! La bague au doigt du jeune homme était rivée. Olympe, à la fin, y renonça en disant :

« A demain.... »

En ce moment le jour brillait sur les montagnes du Vivarais, le fleuve au loin se remplissait de soleil naissant, et les jeunes gens et les jeunes filles causaient entre eux, sans s'inquiéter des discours du balcon. La fraîche aurore et le doux matin pour ces amoureux de vingt ans!

Cependant l'heure était tout à fait passée, et la naissante aurore allait devenir le grand jour. La ville endormie, à chaque instant se réveillait. Les laborieux allaient au travail, les nonchalants se mettaient a la fenêtre, et déjà se reposaient d'avoir dormi toute la nuit. Nos jeunes olympiens, prenant congé de leurs déesses, se retirèrent discrètement par la porte du jardin. Lecteur, n'oubliez pas qu'ils appartenaient à la province, et que ce n'était pas encore l'habitude en ces lieux retirés, d'afficher ses bonnes fortunes, et de perdre en se jouant, la réputation des damoiselles. Donc peu à peu, tout rentra dans le calme, et ces belles enamourées, quand elles eurent changé leur toilette contre une robe de tous les jours, ouvert les volets, et repris leur tâche à la place accoutumée, on n'eût guère deviné sur ces visages un peu lassés mais bien heureux, les chansons, les danses, et les plaisirs de la nuit passée. En ceci, ces belles artisanes étaient plus vaillantes que les fringants cavaliers, leurs compagnons de quelques heures ; la chasse et le jeu, les rivalités secrètes, les bonheurs accordés, les bonheurs refusés, pesaient d'un poids assez lourd sur ces têtes bouclées. Ce n'est pas en vain que l'on fait outrage au sommeil ; il vous châtie aussitôt que le jour est venu ; l'aurore a moins de douceur, le ciel moins de clarté, l'oiseau moins de chansons; la tête est moins légère et le cœur bat moins vite. On riait en venant au rendez-vous de ces rieuses, on boude au retour. On porte envie au laboureur qui tient la charrue, au berger qui conduit son troupeau, à la ferme où tout travaille, à la basse-cour où tout chante.

Ils ont bien reposé, ces braves gens de la vaste campagne, et maintenant que les voilà réveillés, ils s'emparent en vainqueurs de toutes les forces de la vie. Ainsi nos jeunes gens, lassés de leur fête, allaient sans mot dire, et plus qu'eux tous silencieux, le jeune baron de Vivès rêvait aux émotions de la nuit. Certes, il avait été ce qui s'appelle un homme heureux ; il avait eu sa part et sa bonne part dans ces gaietés, dans ces sourires, dans ces murmures.

La reine de cette fête improvisée, Olympe la belle, avait dit de sa voix la plus douce : « Henri, je vous aime ! » Et dans ces beaux yeux, sans être indiscret, il avait pu lire de grandes promesses. « Demain, avait-elle dit, demain, je vous attends. » Chères paroles, mais pleines d'inquiétude ! Que veut-elle dire ? Et pourquoi faut-il que j'arrive au milieu de ces clartés, plutôt comme un mari qui va chez sa femme, qu'un véritable amant qui se rend à minuit chez sa maîtresse ?... »

Autre doute, autre ennui. Comme il quittait cette réunion galante, et qu'il était encore enivré des paroles d'Olympe, il lui avait semblé (sans doute était-ce une erreur) que la dame avait adressé des adieux bien tendres, pour un pareil moment, au chevalier de Montagnac.

Que dis-je ? A l'instant même où le jeune baron, sûr de ses amours, recevait de la belle Olympe une si galante assignation, il lui avait vu glisser un billet dans la main de ce cadet de Gascogne, dont les yeux noirs jetaient des flammes. D'une coquette qui ne veut pas rester sans amant, au jeune amoureux qui cherche une maîtresse, il y a tant de façons de s'entendre ! Un coup d'œil, une main pressée, et moins que rien, cela suffit pour se comprendre. D'ailleurs, ce chevalier ne plaisait guère au baron de Vivès. M. de Montagnac était un vrai porte-épée ; il avait déjà fait la guerre en Allemagne ; il parlait haut et ferme, et son regard était voisin de l'insolence. Ajoutez qu'il avait été toute la nuit de mauvaise humeur, pour plusieurs de ces petits motifs qui entassent dans le cœur des jeunes gens de très-grosses tempêtes.

De la chasse, il était revenu bredouille ; au dîner, il avait été placé un rang plus bas qu'il n'eût voulu. Très-attentif auprès de Mlle Olympe, et se croyant attendu chez elle, il avait le dépit de la voir toute occupée à plaire à son jeune voisin, lui, Montagnac, attrapant à peine en passant quelques menues faveurs, dont il ne savait que faire. Au jeu, il fut le seul joueur qui n'eût pas eu de joueuse à mettre de moitié dans son gain, et vainement il avait été de l'une à l'autre. A vingt-six ans qu'il pouvait avoir, il était déjà le plus vieux de la bande joyeuse. On lui disait : « Monsieur le chevalier ! » gros comme le bras; pas une de ces belles dédaigneuses ne s'était inquiétée de son petit nom.

Ajoutons que la façon leste et tirant sur le dédaigneux, avec laquelle Henri de Vivès et son associée Olympe de Bardy, avaient reperdu tout exprès l'argent qu'ils avaient gagné, semblait une chose offensente à M. le cornette. Enfin, que vous dirais-je? Il montait un mauvais cheval, il n'était pas riche, et justement nos cavaliers venaient d'entrer dans les domaines de Vivès. A chaque vigne, à chaque prairie, à tout bout de champ, ils se disaient : « c'est au *baron* de Carabas. »

Le conte en était tout nouveau : même

un de ces messieurs, mauvais plaisant, fit observer que M. de Montagnac, tout petit, tout bourru et renfrogné, les jambes perdues dans de grandes bottes, ressemblait suffisamment au chat botté. Chacun de rire alors, et le baron de Vivès plus haut que les autres. Il avait sur le cœur la rougeur d'Olympe à son départ, et ce soupçon de billet qui lui revenait toujours en pensée.

Hélas! Justement le fatal billet que le chevalier avait enfoui dans son justaucorps, secoué et ballotté par le trot de ce mauvais cheval, sortit de sa cache et tomba si bien, que M. de Vivès, le relevant du bout de sa cravache, eut tout le loisir de le prendre, et de le garder dans sa main, sans que le chevalier s'aperçût de l'encombre. « O bonheur! je le tiens, je le tiens, je vais savoir enfin les secrets de cette belle! » On passait sous de grands noyers, et l'opale en ce moment se couvrit d'un nuage. « Ouvrir une lettre! abuser d'un secret! mauvais métier, se dit-il, la bague a raison, je suis dans mon tort! »

Comme il était un peu en retard, il piqua des deux, et son cheval heurta légèrement.... le *chat botté*, qui se retourna furieux. — M. le chevalier, lui dit M. de Vivès très-poliment, je vous rapporte un papier que vous avez laissé tomber. Le chevalier prit la lettre assez brusquement, il l'ouvrit sans rien dire et se mit à la lire avec une extase infinie. A cette lecture, il avait dix coudées et le sourire à la lèvre.... il triomphait! Le baron de Vivès, qui s'attendait au moins à un remercîment, se sentit quelque peu troublé par ce manque de courtoisie, et cherchait déjà une explication. Tout autre que lui, sans doute, eût posé nettement la question et trouvé, sur le champ, la formule d'un homme offensé qui ne veut pas être en reste avec l'offenseur. Mais se fâcher est une science. A dix-huit ans et six mois, le courage et la présence d'esprit ne sont pas, tant s'en faut, à leur apogée, enfin, pour parler vrai, le jeune homme eut peur de ce regard fauve, et peur de cette grande épée. Ah! l'opale! Interrogée, elle répondit en pâlissant : « Encore un peu, mon maître; vous êtes un lâche! »...

A cette réponse intime dont lui seul avait le secret, lui seul ayant fait la demande, il sentit le sang de son cœur monter à sa tête, et le voilà qui, botte à botte et les yeux sur sa bague, accosta résolûment le chevalier de Montagnac. M. le cornette du roi était en train de parler de sa noblesse et maltraitait les mésaillances. « L'épée avant tout, disait-il; pour les gens tels que moi, la robe est une mésaillance. Un fils de robin sentira toujours son robinage, » et son regard se posa sur le jeune baron, qui pâlit effroyablement. Cette fois encore il avait peur, et l'opale était livide.

A la fin, prenant son parti bravement : « Monsieur le chevalier, dit-il à M. de Montagnac, voyez-vous ce tertre, où rien ne pousse ? Il y a cent ans qu'un jeune conseiller au parlement de Dijon, un robin, mon ancêtre, insulté par un soldat mal élevé qui ne s'était jamais mésaillé, l'étendit roide mort à cette place ! » Et comme il levait la main pour désigner le lieu de la rencontre, il vit que sa bague, au soleil levant, resplendissait de mille feux. Alors il en rendit grâce à la fée, et ses amis, qui déjà s'éloignaient et dont le silence était un blâme, le voyant disposé à bien faire, autour de lui se réunirent pour l'appuyer de leurs suffrages.

Donc, le chevalier se trouvant bien et dûment offensé des paroles du baron, il fut convenu qu'à cette même place, et tout de suite, ils se battraient, en dépit des rescrits royaux contre le duel, que le roi avait confirmés à son sacre. Ces jeunes gens, qui étaient braves et bien élevés, véritable pépinière des chevaliers de Saint-Louis, destinés à mourir pour le roi, et qui n'avaient guère d'autre espérance et d'autre ambition, eurent bien vite arrangé la rencontre, et Vivès et Montagnac, l'épée au poing, se précipitèrent l'un sur l'autre....

O la belle aventure! Après cette hésitation d'un instant, il se battait déjà comme un vieux capitaine. Cela dura bien dix minutes, à deux reprises. Même au repos, la bague était brillante, et M. de Vivès, tout rempli d'une vive ardeur, se sentait invincible. « Ah! ce n'est que cela, disait-il. Courage! holà! ma fée, es-tu contente? Oui, je suis brave, et je possède à la fois l'ardeur de mes pères les capitaines, et le sang-froid de mes aïeux les magistrats.... » Un coup d'épée à la main, qui, labourant le bras, pénétra jusque dans l'épaule droite arrêta ce beau transport. Le coup fut si roide asséné, que le jeune homme, en tombant, poussa un cri de douleur; mais il vit dans le regard de ses témoins qu'il s'était conduit en brave homme, et l'opale, couverte de sang, brillait encore et semblait dire au jeune héros : « Je suis contente. » Quand il fut pansé, tant bien que mal, il eut à peine la force, au bras de ses amis, de regagner les portes de son château. Là, M. de Montagnac, le saluant du salut le plus profond : « Acceptez, monsieur le baron, lui dit-il, toutes mes excuses ; je vous ai cherché tout à l'heure une sotte querelle, et quand je parlais sans respect des magistrats, vos aïeux, je parlais mal. »

Les choses ainsi arrangées, Henri de Vivès fut porté par ses domestiques jusque dans sa chambre à coucher ; à peine au lit, le pauvre enfant se trouva mal.

VIII

Nul ne dira la douleur de la grand'mère et la consternation des serviteurs ! Mais ces tristesses et cette douleur étaient mélangées d'un peu de joie et de beaucoup d'orgueil. Le duel était un événement presque inévitable entre ces enfants de l'épée, impatients de tout obstacle ; ils n'avaient qu'un geste à faire, pour trouver à leur côté gauche une arme obéissante à leurs moindres colères. Si la blessure était peu dangereuse, elle fut longue à guérir ; plus d'un accident imprévu se manifesta sous les mains d'un chirurgien inhabile, et pendant cinq grands mois le baron garda la chambre, ou du moins resta dans son logis, recevant de très-belles visites, tantôt de jeunes officiers en congé, tantôt de jeunes magistrats du parlement de la province. Les uns lui disaient : « Pardieu, baron, tu seras capitaine à la première bataille ! » et les autres affirmaient qu'avec un peu de zèle et de bonne volonté on en ferait un éloquent, un courageux procureur général à la première chambre des enquêtes. L'hiver ainsi se passa doucement entre la lecture des *Commentaires de César* et le *Traité des Obligations*, nouvellement imprimé. Tantôt le jeune homme étudiait Polybe, et tantôt les *Mercuriales* de M. d'Aguesseau. Des préoccupations de la petite ville à son endroit, et des repentirs de Mlle Olympe, il avait bien par-ci par-là quelques nouvelles, mais ces jeunesses de l'aiguille et de la broderie au tambour, retenues par l'ancien respect, n'osaient pas franchir le seuil du château, et ce fut seulement après l'entière guérison de notre hardi duelliste, un beau jour de printemps, que son cousin des Aubiers, qui ne l'avait guère quitté dans sa maladie : « Héros, fils des héros, lui dit-il d'un air tout joyeux, je t'apporte un nouveau cartel. » Or, ce défi charmant était renfermé dans un billet sans nom d'auteur, mais la grâce et le parfum et les beaux cheveux blonds qui remplaçaient le lacet de soie, ajoutons l'intime émotion que ramène avec tant d'autorité la convalescence victorieuse, eurent bientôt révélé à ce jeune enamouré l'auteur de ce billet signé de ce beau seing : *espérance*.

« Si M. le baron daigne encore se rappeler les promesses qu'on lui faisait sur certain balcon, à la clarté de la lune, aux dernières vendanges, et s'il daigne attacher quelque prix à ces promesses.... On ne s'en dédit pas..., on l'attend demain à l'heure indiquée. On espère qu'il se montrera digne de la confiance qu'on lui témoigne.... »

Il relut ce trop doux billet à deux reprises, non pas qu'il ne l'eût très-bien compris à la première lecture, mais depuis si longtemps qu'il était sevré de ces tendresses, cet appel au balcon était une fête inattendue. Ainsi la première violette enfouie au fond de l'herbe, se révèle aux premiers jours du printemps.

« Voilà, monsieur le baron, reprit le cousin des Aubiers, ce que l'on fait pour vous, et pour votre convalescence. Une dame adresse un billet à monsieur le baron; un chevalier, qui n'est pas le premier venu, accepte la commission scabreuse de porter ces belles paroles. Ainsi va le monde autour des Caderousse, des Manicamp et des Grammont. Je connais la dame; elle a fait de moi son humble confident, et je la remercie, en la servant de mon mieux. Elle est belle, intelligente, volontaire et de bonne volonté pour son seigneur et maître Henri de Vivès. »

Puis d'une voix plus naturelle, et toujours avec la même ironie :

« Allons, mon jeune maître, encore un peu de courage; il ne suffit pas, quand on commence à vivre, de bien recevoir un bon coup d'épée, ou de le donner courageusement, encore faut-il ne pas trembler devant les fillettes qui vous aiment. Au moins savez-vous le rudiment de votre métier d'amoureux? *Voir, venir et vaincre!* ainsi faisait Jules César, dans les Gaules, où nous sommes pour cela. Vous arrivez, haut la crête, et vous entrez, pour bien faire, un bras en écharpe. La dame, à votre aspect, se trouble et pâlit; elle est tremblante, elle ne vous attendait pas si tôt; la voilà devancée : « Ah! mon Dieu!
« dit-elle; ah! mon Dieu! qu'ai-je fait? où
« suis-je? où me cacher? » Il ne serait pas étonnant qu'elle se jetât à vos pieds, en vous demandant un refuge contre elle-

même. « O mon maître, ô mon vainqueur !
« que venez-vous faire, en ce demi-désha-
« billé, contre une infante, qui n'a pour se
« défendre qu'un éventail ? Promettez-moi,
« jurez-moi d'être sage ! » .... Alors, dégageant votre bras droit de son écharpe, et
tout pétillant d'une juste impatience, vous
promettez et vous jurez tout ce qu'on veut.
— « Ah ! madame ! ah ! ma reine ! On ira,
« s'il le faut, décrocher les étoiles. Prenez
« Paris, prenez Versailles, prenez mon
« cœur ! » Voilà ce que vous dites, et la
dame est à vous. Puis sitôt que l'heure aura
sonné de n'être plus qu'un simple ami pour
la belle, eh bien, qui vous arrête ? De vos
serments, de vos promesses, de votre amour
éternel, autant en emporte le vent. »

Tels étaient les bons conseils de M. le
chevalier. Il ajoutait : « Prenez garde aussi,
mon cher enfant, à vous munir de quelques louis d'or pour la servante, et de quelque joli diamant pour la maîtresse. Donner, c'est la grosse cloche en amour. N'allez

pas au moins passer à ce doigt charmant la vilaine bague que voilà incrustée à votre doigt. On dirait que cette bague est la chair de votre chair, et l'os de votre os! Vous étiez bien malade, elle gênait le pansement de votre blessure, et vous n'avez jamais voulu consentir à ce qu'on vous en dépouillât. Même en ce moment, voici que vous la regardez avec amour; mais quel diable de mystère, et pourquoi tant tenir à cette antiquaille de ma mère grand? »

Disant ces mots, le chevalier riait; Henri faisait comme le chevalier. Sa bague avait résisté au coup d'épée; elle avait fait mieux, elle l'avait amorti. « La femme à qui je donnerai cette bague est encore une enfant, répondait le jeune homme; et quant à présent, on me couperait plutôt le doigt que de la donner à quelqu'une de ces demoiselles de bonne volonté. Si jamais je m'en sépare, eh bien, cousin, dites en vous-même : « Il est perdu! »

Ainsi parlant, il s'en fut reconnaître le

petit cheval qui le portait d'ordinaire; et la bête, en hennissant, saluait son maître. Il y a cela de ravissant dans la jeunesse, elle est une expansion; la jeune femme et le chien, l'oiseau et le cheval, l'étoile et la fleur vont naturellement du côté des jeunes: me voilà! dit le chien; allons! dit le cheval. Cependant l'oiseau chante et bat des ailes à l'amoureux qui passe, éclairé par l'étoile du Berger. O jeunesse! la terre obéit à ton ordre; le ciel s'abaisse à ta voix!

Le jeune baron n'eut pas grand'peine à reprendre, où il l'avait laissé, le conte amoureux du balcon de la belle Olympe. Un simple billet avait suffi pour effacer tout un hiver de fièvre et d'insomnie. Il revoyait à cette heure, et plus charmants que jamais, ces traits délicats, ces yeux brillants et fiers, ces cheveux d'un blond clair, ces mains parfaites et ces bras dignes des deux mains. En même temps, il entendait retentir à son oreille charmée les douces paroles du dernier automne, et les chers comman-

dements de cette beauté qui lui disait :
« Venez par la clarté de la lune et des
étoiles : nos amours, je veux qu'on les voie,
et je ne suis pas fille à rien faire, dont
j'aie honte au grand jour ! »

Il obéissait à cet ordre renouvelé de si
bonne grâce, et comme heureusement la
lune aujourd'hui devait se lever de bonne
heure, il partit, rempli de contentement
et d'espérance. Ah ! Dieu soit loué, qui le
rendait à la vie, à l'amour, aux belles heures de son amoureuse. Il les avait si longtemps appelées ! Il avait tant rêvé, il avait
tant souffert ! A son chevet, sa vieille aïeule
avait tant pleuré et prié d'une voix tremblante ! En même temps, confusément il
se rappelait qu'il avait entrevu, dans ses
rêves, un doux regard tendrement posé
sur sa tête pleine de vertige ; une main
fraîche avait pansé sa main brûlante, et
porté à sa lèvre enfiévrée un breuvage salutaire :

« Ma chère vision ! Je l'ai vue à mon

chevet; mais sitôt que j'ouvrais les yeux, sitôt que j'étendais mes deux bras pour le saisir, disparaissait le doux fantôme. »

Ainsi parlait sa reconnaissance, et pourtaut, l'ingrat! appelle à haute voix : « Olympe! Olympe! » Il allait donc la revoir, la retrouver, l'entendre, et respirer la suave odeur de ses beaux vêtements!

Il appartenait, en ce moment, à la beauté qui l'attire, oublieux des fantômes qu'il avait entrevus dans ses rêves. — L'action, le mouvement, l'espérance avaient remplacé les fièvres sans forme et sans nom. Il allait seul, dans ces sentiers qu'il croyait avoir oubliés, reconnaissant à chaque pas mille grâces que le printemps faisait renaître. A la fin, peu à peu, le crépuscule envahit le chemin qui menait du château aux Aigues-Vives, et comme il entrait au village qu'il croyait endormi, en se demandant s'il n'arriverait pas de trop bonne heure? O surprise! il entendit un caquetage avec des rires et des acclamations.

Sur plus d'un seuil, un groupe arrêté causait du grand événement de la journée, et telle était la préoccupation générale que pas un de ces regards ne s'arrêta sur le jeune homme. En vain il cherchait un sourire, un appel, une fillette qui lui dît : « Bonsoir, monseigneur ! » il était comme un étranger qui passe.... un étranger, dans un temps calme, eût occupé toute l'attention de la petite ville.

Or, voici le grave événement qui tenait tout ce monde éveillé, curieux, attentif. Des comédiens, héritiers du tombereau de Thespis, étaient arrivés la veille, attirés, on l'eût dit, par l'ombre malfaisante de l'oncle Antoine, ou tout au moins par ce vif attrait, si rare en ces temps primitifs et dans ces provinces reculées d'un vrai théâtre outillé et machiné selon les règles de l'art de Rotrou, de l'incomparable M. Corneille, de son frère Thomas Corneille, de Scarron et de Saint-Amand. Le théâtre bâti par l'oncle Antoine avait été placé, depuis la mort funeste du fondateur, sous l'administration directe des bourgeois principaux des Aigues-Vives, grands amateurs de la bonne comédie. Ils se souvenaient, les plus anciens du moins, que M. le prince de Conti, gouverneur pour le roi des provinces du midi, avait promené à sa suite, dans ces villes charmées de sa courtoisie, un poëte appelé Poquelin. Ce vrai poëte amenait à sa suite, heureux et charmés des premières confidences de son génie, des jeunes gens bien faits, plus semblables à des marquis de l'OEil-de-Bœuf qu'à des comédiens de campagne, et quatre ou cinq Isabelle ou Cidalise de la meilleure compagnie, habiles au rire, et sachant pleurer comme on pleure au bel âge. Tels avaient été, en ces lieux favorisés, les précurseurs de la comédie, et Molière le poëte, étant à la fois un comédien, d'improviser, pour plaire à son prince et pour plaire à la foule, des gaietés infinies, toutes pleines d'ironie et d'amour.

Un pareil instituteur, accompagné de folie et de jeunesse, avec tant de nouveauté, devait avoir merveilleusement disposé la province aux plaisirs du théâtre.

En effet, pour peu que la naissante comédie eût traversé, il y a trente ans, dans son habit folâtre et dans son enchantement mêlé de passion, quelqu'un de ces domaines tout disposés à la poésie, et qui déjà savaient *la Pléiade* et les sonnets de Pétrarque, avec les chansons de Clémence Isaure, à son premier murmure, à son premier geste, à son doux rire, la comédie était reconnue.

« Ah! disaient les vieillards, soudain réveillés au bruit des grelots, te revoilà; comédie, et sois la bienvenue, ô mignonne; nous ne mourrons pas sans t'avoir revue une dernière fois. D'autre part les jeunes gens d'accourir, amoureux de ces fantaisies, sur le récit que leurs pères en avaient laissé. Ainsi les ignorants et les doctes étaient poussés par la même inspiration, et ce seul mot : « la comédie !... » était d'un attrait irrésistible. Elle avait sitôt conquis le suffrage universel ! Si vite elle eut dompté les esprits les plus rebelles ! Il lui fallait si peu, pour se montrer toute belle et faire un grand chemin dans le monde : un tombereau chez les Grecs, une vingtaine de tréteaux dans le royaume de France.

Elle comptait sur son propre rire, et sur l'intelligence active de l'auditoire. Elle se savait nouvelle, et que son parterre était nouveau. Elle était une fée, elle en parlait le langage, elle en tenait la baguette, elle en avait la jeunesse et les miracles. Elle ne songeait guère, en ce temps-là, à traîner après soi tant de meubles, de salons, de costumes. Elle eût appelé toutes ces choses inutiles, des *empéchements;* pour parler comme César des bagages de son armée *Impedimenta!*

Si vite elle allait au cœur de l'homme et de la femme, en leur parlant des belles années, en se moquant du vieillard, en protégeant le jeune homme, en montrant, leste et charmante, une Isabelle aux yeux noirs, une Iris aux yeux bleus !

Ces aimables cités, sous leurs pampres, étaient, de nature et d'instinct, toutes disposées à ce vivant spectacle, et tout de suite elles se rendaient au premier appel de la Muse aux pieds nus.

IX

Ce même jour, les comédiens errants du *Roman comique*, un fils de Ragotin, une ingénue ayant nom Guillemette, et dix-neuf ans par-dessus le marché de ce joli nom, avec les oripeaux, les traditions et les rôles de leurs grands-pères et mères-grands, accouraient d'assez loin pour s'emparer, par le droit de leur conquête, de ce théâtre étayé sur des étais si fragiles. Bien qu'un temps assez court se fût passé depuis l'établissement de ce nouvel hôtel de Bourgogne, et que pas une troupe encore ne se fût hasardée en ces parages éloignés, le *Théâtre-Antoine* était déjà célèbre et faisait un sujet de causerie inépuisable parmi les enfants de la comédie. La mort tragique du fondateur avait tout d'abord attiré l'attention de ces coureurs d'aventures; et puis, les merveilles de l'intérieur : une double galerie et deux rangs de loges, sans oublier ce qu'on appelle à la *Comédie* les petites loges. Que dis-je? un lustre à trente-six chandelles, une rampe avec un réflecteur, un orchestre meublé de fauteuils, une toile où Thalie elle-même apparaissait, la gaieté à la lèvre, le brodequin à ses pieds, son masque à la main.... il y avait de quoi confondre et contenter les imaginations les plus poétiques.

La chronique ajoutait que plusieurs troupes nomades s'étaient enhardies à venir jusqu'au bourg des Aigues-Vives, frapper à cette porte rebelle; mais les notables du lieu, ayant fait comparaître à leur barre un peu rigide ces messieurs et ces dames, et les trouvant vêtus de vieilles défroques, mal faits et mal bâtis, ruines et débris, leur avaient refusé tout net l'honneur de jouer sur leur beau théâtre, et les avaient renvoyés avec une aumône humiliante, comme gens sans aveu.

Cette fois, grâce au Ragotin, à Guillemette, au Gracioso, à l'amoureux, au Géronte, et surtout grâce à la Rosalinde (tel était le nom de ce miracle des belles et des comédiennes), les notables des Aigues-Vives s'étaient avoués vaincus par tant de promesses, et de la meilleure grâce du monde ils avaient accordé leur salle à cette illustre compagnie, avec l'insigne honneur de l'étrenner. Aussitôt voilà la gent comique avisant au moyen de donner le meilleur échantillon de son savoir-faire ; hommes et femmes se parent de leur mieux; les habits étaient un peu frippés, mais encore très-présentables; les robes n'étaient pas tout à fait des plus galantes, elles avaient eu des jours meilleurs; plus d'une arrivait par de si longs détours! des belles ruelles de la place Royale, mais enfin cela sentait encore sa duchesse et sa marquise, et convenait parfaitement à des reines de théâtre, qui n'étaient pas ignorantes de la poussière et du plein vent.

Avec un peu de hâte (ils avaient bien leur motif de se hâter : le chemin avait épuisé toutes ressources), les comédiens ordinaires du Théâtre-Antoine annoncèrent pour le lendemain de leur arrivée, et sans autre invitation que l'affiche en lettres rondes, la fameuse comédie intitulée : *Le baron de la Crasse*, un grand rire, il est vrai, mais peu d'atticisme. Elle était un peu plus que naïve, la comédie; elle était sans vergogne, elle était sans honte; elle avait gardé les cornes du faune antique, et pourtant comme on s'amusait à l'entendre, à la comprendre!

De son côté le comédien ne se doutait guère qu'il fût ce qu'on appelle un grand homme, un grand artiste; la comédienne ignorait qu'elle exerçât une profession bien difficile. Enfants du hasard, ils ne comptaient guère que sur monsieur leur père : aller, venir, voir, être vus, amuser, s'amuser, et ne pas mourir de faim, voilà tout le problème. Ainsi toute la soirée en ces épanouissements s'était passée, et l'on avait fini par une gaieté très-amusante, appelée : *La comtesse d'Orgueil.*

Comme il entrait dans le bourg des Aigues-Vives, le spectacle étant achevé, et les spectateurs rentrant chacun chez soi, notre jeune convalescent avait été troublé dans son extase amoureuse par ce flot qui s'écoule en critiquant, en admirant. Il traversa toute la rue en se demandant le mot de cette énigme, et ce fut seulement sur la place *de la Comédie,* à l'aspect du théâtre éclairé et de la grande affiche apposée à la muraille (de grandes arabesques représentant Colombine dans les bras d'Arlequin, attestaient de l'habileté de l'écrivain-souffleur-metteur-en-scène-moucheur-de chandelles-et poëte de la compagnie), que notre amoureux comprit qu'il était tombé dans une foule enthousiaste. Étonné de ce mystère, il arrêta son cheval sous la fenêtre de la belle Olympe.... Un coup d'œil lui suffit pour deviner que la dame, oublieuse ou négligente, ou tout simplement en dépit de sa première audace, tremblante de dire à tant de gens le secret de ses amours, s'était barricadée, et portes closes, verrous tirés, volets fermés, le rendez-vous, sans doute, était remis à l'heure plus clémente où ces comédiens de malheur auront plié leur tente et remporté leur comédie.

Il fut d'abord mécontent de ce rendez-vous manqué ; jamais peut-être il ne l'avait désiré davantage, et déjà il tournait bride et s'en revenait par le même chemin, lorsqu'en longeant le théâtre il fut reconnu par plusieurs des jeunes filles avec lesquelles il avait passé chez Olympe une si belle soirée, un instant avant son duel. Ce duel, défendu par toutes les lois divines et humaines, autant que par la jeunesse du bretteur, avait fait grand tapage, et la blessure, et la fièvre, et cette longue maladie avaient été, pendant cinq mois, l'entretien de toute la ville. Aussitôt donc, le rencontrant et le reconnaissant, toutes joyeuses qu'elles étaient et transportées d'aise au souvenir palpitant des agaceries et des tendresses, des déclarations et des mariages, des baisers pris, rendus et repris, dont elles avaient été les témoins sur le théâtre, et pendant trois heures de cette aimable comédie, elles poussèrent un cri de joie à retrouver le jeune homme. Il était sans doute un peu plus beau que le beau Léandre, et plus jeune, et mieux vêtu.

Il n'est pas encore amoureux, c'est dommage, il le sera demain peut-être, ou dans huit jours, c'est sûr. Les voilà qui se précipitent sur le ressuscité en disant : « Bonheur de le revoir ! » Tous ces grands yeux brillaient d'un feu vif, ces dents étaient blanches sous la lèvre incarnate, et ces têtes étant levées, l'épais chignon reposait sur le cou, blanc comme la neige.

« Vous voilà, notre aimé Seigneur; soyez le bienvenu ! » Lui, de son côté, qui connaissait par leur nom tous ces beaux visages, il leur disait bonjour en les tutoyant : « Bonjour, Hortense, Armande et Louise ! Attendez-moi demain à la fenêtre, il faut que je vous voie et que je vous salue au grand jour. »

Ils seraient encore à se regarder, à se tendre une main bienveillante, si ces messieurs et ces dames, le lustre éteint, les chandelles soufflées, n'étaient pas sortis de leur théâtre pour retourner à leur hôtellerie, où le souper les attendait. Ils étaient sept hommes et cinq femmes, qui suffisaient, tant bien que mal, à toutes les combinaisons, à toutes les exigences de la comédie. Comme ils avaient faim et soif, la faim et la soif étant le produit le plus net de leur profession, ils n'avaient pas pris le temps de quitter leurs habits de comédie, et s'en revenaient celui-ci en marquis, celui-ci en valet, ce troisième en fier-à-bras, le quatrième en beau Léandre.

Une de ces dames, non pas la plus jeune, portait la robe émincée et très-simple de la jeune Agnès ; la seconde était une virtuose en fanfreluches ; avec le prix de son diadème et de son collier de perles, pour peu que la chose fut vraie, elle eût acheté facilement toute la province du Vivarais. Le Dauphiné n'avait pas tant coûté à ce bon rompu de roi Louis XI.

Cette reine avait pour suivante, Mlle Guillemette, une éveillée ; elle portait le tablier de Margot aussi lestement que la cornette d'Isabelle. Celle enfin qui venait la dernière, ah ! celle-là.... Figurez-vous une petite vieille, en cheveux blancs, en feuille morte, ratatinée, et s'appuyant de ses deux mains tremblottantes sur une béquille à pomme d'ivoire. A travers sa robe entr'ouverte, un jupon tout plissé, tout brodé, faisait un grand frou-

frou autour d'elle et montrait, à qui le voulait voir, qu'elle avait le plus joli pied du monde. Au moment où cette petite vieille allait trottant-menu son chemin sans mot dire, elle regarda par hasard ce groupe aux yeux bleus, aux lèvres roses, qui contemplait ce jeune homme, et d'une voix jeune, à l'accent vibrant, elle dit :

« Qu'y a-t-il, mes enfants ? Quelle comédie, à votre tour, jouez-vous dans la rue ! »

Et l'on pouvait voir le regard de cette comtesse d'Orgueil : un œil étincelant comme un phare au bord d'un précipice. A ces questions, au moins indiscrètes, une des fillettes répondit :

« Passez votre chemin, la vieille ; on parle ici des choses qui ne sont plus de votre âge ; et la reine qui s'en va là-bas, chargée de diamants et suivie d'une servante en falbalas, ne serait pas encore trop belle et trop bonne pour les discours que nous tenons. »

Après maints quolibets renvoyés coup sur coup, la vieille (elle était justement sur le seuil de l'hôtellerie), et cette fois d'une voix chevrotante :

« O là, là, mes enfants ; il ne faut pas être si fières d'être si jeunes. J'avais vingt ans, moi aussi, il n'y a pas vingt-quatre heures ; et si j'étais sans pitié, pour fêter ce beau jeune homme je lui donnerais un tel baiser, je le jure ici par vos cheveux noirs et par mes cheveux blancs, qu'il en aurait le frisson toute sa vie ! »

Alors la grande Alizon, qui était légèrement harpie et méchante, envieuse aussi, tirant sur le roux et sur la trentaine, dame Alizon, à qui le baron n'avait jamais fait la moindre amitié, bien qu'elle eût planté sur sa fenêtre un pot de roses jaunes à son intention :

« Ma mie, on n'embrasse pas ici les messieurs, surtout dans la rue, et nous ne sommes pas des comédiennes comme vous ; mais s'il plaît à votre soixantaine de saluer à la joue M. le baron, à votre aise; il est trop galant pour s'y refuser.

— M. le baron, dites-vous? reprit la vieille; il est bien jeune!

— Il a vingt ans, reprit Hortense.

— Il s'est battu comme un héros, reprit Louise.

— Il n'est guéri que d'hier, affirma Constance.

— Mieux encore : il est le Seigneur, reprit à voix basse la tentatrice.

— Et vous voulez que je l'embrasse ici, sous vos yeux, sur son cheval, s'écria la vieille agitant sa béquille?

— Oui, devant nous, pour nous, répondirent les fillettes en battant des mains.

— Vous le voulez, tant pis pour lui... »

Disant ces mots, cette apparition en chauve-souris, d'un pied leste et charmant, se posa sur l'étrier du jeune homme, et, le prenant par la tête avec un geste convulsif, lentement elle le baisa; puis, comme un farfadet, en poussant un rire aigu elle disparut dans la foule, oubliant sa béquille. Hélas! le jeune homme, éperdu de cet âcre baiser, le premier qu'il eut reçu de sa vie, sentit la sueur à son front, l'agitation dans son cœur. Il fut un instant comme un homme ivre et cherchant son chemin. Il revint donc, non sur ses pas, comme il eût fait sans doute s'il eût été moins troublé, mais par le sentier qui devait le ramener, en tournant à gauche, au sentier de Vivès.

Ce chemin de halage, assez peu fréquenté, côtoyait le Rhône, en ce moment très-paisible, et longeait les jardins des diverses maisons de ce côté de la rue. En ce moment, dans le petit bourg, toute émotion dramatique s'était apaisée, et chacun rentré chez soi ne songeait plus qu'à rêver d'Isabelle ou du beau Léandre. Au bruit de l'eau courante, à l'air frais de la onzième heure, le jeune homme éprouva un véritable apaisement et sentit diminuer la fièvre qui le consumait.

Il allait au pas de son cheval, et lui lâchant la bride. Au bout d'une haie, à la porte d'un petit enclos, soudain le cheval s'arrête.... O surprise! à travers la porte à claire-voie, Henri, oublieux d'Olympe, et brûlé du baiser de *l'autre*, aperçut, assise sur le banc de gazon, la belle Olympe en habit du matin. Il entra résolûment; on l'attendait; on l'accueillit en lui tendant la joue, en lui donnant à baiser ces beaux cheveux, ces belles mains.... mais, plus il portait le doux remède à ses lèvres, et plus ses lèvres étaient brûlantes.

« Vous voilà donc? disait Olympe en le regardant d'un œil qui n'avait rien de farouche. Avez-vous assez tardé? Vous ai-je assez attendu? La pénible attente et la triste nuit que j'ai passée! Il me semblait, Henri, qu'une autre avait pris votre cœur et vous avait enlevé à ma tendresse! »

Elle parla ainsi, longtemps, dans cet accent de l'amour; mais quel malheur! plus tendre était sa voix, plus douce était sa parole, avec ce beau geste attestant toutes les constellations du ciel, plus revenait *l'autre*, aux sens du jeune homme avec les feux, les souvenirs, les violences inexplicables de son étreinte et de son baiser.

Intelligente, ou, pour mieux dire, amoureuse, Olympe, étonnée et ne comprenant pas qu'un si jeune homme, aimé pour la première fois, entendît, d'un air si distrait ces paroles qui lui venaient du cœur :

« Qu'avez-vous, lui dit-elle, et d'où vient que vous ne répondez pas ? »

En même temps, les clartés d'en haut s'unissaient aux intimes clartés d'une âme de vingt ans pour illuminer d'une grâce ineffable un front radieux. Qu'elle était belle ainsi ! La Nymphe et la Muse ont moins de grâce et de beauté. Tout là-bas, cependant, au rez-de-chaussée, sur le jardin, la fenêtre était ouverte ; une douce lumière éclairait ce perron rempli de fleurs. La violette et le jasmin exhalaient leurs parfums les plus suaves : promesses, enchantements, enivrements de cette heure étoilée.... Et le tenant par la main, d'une main digne de la Vénus arlésienne, elle l'entraînait d'un pas léger à ce pavillon du mystère, effleurant le gazon de sa robe enchantée et les rosiers de sa ceinture à demi dénouée. Il allait sans mot dire; il suivait son guide en fermant ses yeux éblouis.

Déjà même ils avaient franchi le perron.... encore un pas, elle était sa fiancée ; alors, une dernière fois, tournant vers lui ses beaux yeux pleins de feu, pleins de larmes, elle comprit qu'elle entraînait une ombre, un fantôme, une âme absente. « Ah! malheureuse! Ah! malheureuse! » elle pleurait, se parlant à voix basse. A ce cri désespéré, le jeune homme averti revint à lui-même; il vit sa faute en voyant tant de beautés qui lui étaient offertes, et d'une voix tendre, il demanda pardon de sa disgrâce. Après un grand doute :

« Henri, dit Olympe, il en est temps encore; pour jamais.... pour toujours ! Que voulez-vous ? choisissez !

— Pour toujours, Olympe; oui, pour toujours.

— Soit fait ainsi, reprit-elle ; et maintenant, par cette nuit sacrée et par ces parfums divins, jurez-moi qu'un jour ou l'autre, à votre heure, et quand vous le voudrez, je serai votre femme. Allons, mon époux et mon maître, obéissez; levez la main!

— Par vos beaux yeux, par mon amour, et sur mon propre honneur, Olympe.... »

Et, la main levée, il allait jurer. L'opale en ce moment était invisible, et ce moment suffit pour rappeler à ce dernier rejeton d'une race éteinte, à cet enfant d'une aïeule qui avait attaché sa vie aux moindres actions de son petit-fils, qu'il n'avait pas le droit de donner le nom de ses pères à la première beauté qui l'entraînait dans ses alcôves. Il se rappelait aussi les sourires et le billet d'Olympe à M. de Montagnac.

Enfin revenait toujours ce fatal baiser de la comédienne.... il ne pouvait s'en défaire, il en était obsédé.

« Non, dit-il d'une voix très-simple et très-ferme ; il m'est impossible, Olympe, ou d'être un parjure, ou de vous faire un serment que je ne pourrais pas tenir ! »

Il partit à ces mots, plein de tristesse et de confusion. Du haut de son perron, et semblable à la belle Hélène entrant dans le conseil des vieillards troyens, la demoiselle, avec un regard d'ironie : « Encore un peu, disait-elle, il était pris! » Et, levant son épaule éclatante, elle rentra superbe en son logis.

On n'a pas impunément ce bel âge ; on lui résiste un instant, mais il est bientôt le plus fort. Aussi bien, déjà notre innocent aventurier était en peine de son courage et de la faute qu'il avait commise. Au bout du jardin, il se retournait, prêt à tous les serments, et déjà il revenait sur ses pas.... la lampe, en s'éteignant, et la fenêtre, à grand bruit fermée, empêchèrent cette amoureuse résolution de s'accomplir. Sans trop savoir où il allait, Henri de Vivès se mit à courir tout droit devant soi, plein de fièvre et de regret.

« Maladroit que je suis ! Lâche amoureux ! Que dira-t-on de moi dans la ville, et de quel front reparaître aux yeux de cette beauté sans seconde ? Ah ! malédiction sur mon cœur ; je n'ai pas su profiter de l'heure entre toutes favorable. Sous cette parole émue et sous ce regard charmé, je suis resté comme un enfant, et je m'enfuis comme un voleur !... »

Voilà ce qu'il se disait à lui-même. Il était vraiment en proie au plus cruel repentir ; il s'accablait des plus vifs reproches ; il s'appelait un misérable. Alors le vent fraîchissant, il avait froid ; l'instant d'après, il brûlait, au souvenir de cette robe ouverte et de cette poitrine à demi nue ! Hélas ! pourtant, le croirait-on ? Son regret n'était pas tout entier à cette beauté si mal récompensée. Il songeait surtout au baiser de la sorcière, au contact de cette robe de Déjanire; à cette étreinte horrible et brûlante, il revenait sans cesse. Il sentait le souffle enivrant, il respirait la tiède haleine; il était vraiment poursuivi du fantôme.... A force de marcher, il finit par s'apercevoir qu'il était fatigué.... Un choc léger sur son épaule, à la fin, l'avertit qu'il n'était pas seul.

Il se retourne.... c'était son cheval qui l'avait suivi par mille bonds pleins de caprices, et la bête, à la fin, lasse à son tour de cet abandon, avertissait qu'elle voulait rentrer au logis. Ils rentrèrent donc, l'un portant l'autre, en franchissant d'un bond, le large fossé qui séparait le parc, du grand chemin; accomplie au grand jour, cette entreprise eût brisé le cou du maître et du cheval.

X

E lendemain, comme il se réveillait sous la fatigue et le tumulte des vains songes, qui sortent incessamment par la porte des songes et qui rentrent dans le cerveau par la porte ouverte sur la conscience (la matinée était sombre, un grand brouillard, venu du Rhône, en ce moment, remplissait la vallée), Henri vit accourir, au petit trot de sa jument blanche, le chevalier des Aubiers, le chevalier très-frais, bien rasé, très-reposé.

« Que vous voilà les yeux battus, mon jeune ami! s'écriait des Aubiers. Avez-vous la mine assez renversée ! Où diable avez-vous pris ce visage effaré, ce teint pâle et cette lèvre mécontente ? Ah ! j'entends, le brouillard de ce matin !... Mais, dans une heure ou deux, le rayon victorieux aura chassé le nuage ; le vallon reparaîtra clair et joyeux à vos regards doucement réjouis. La vie humaine est ainsi faite. Allons ! gai, mon camarade, et descendons pour déjeuner. »

Mais c'était en vain que le chevalier invoquait la gaieté du jeune homme.... Il restait pensif et morose entre ses deux fantômes : Olympe et la comédienne en cheveux blancs. Il avait des regrets qui touchaient aux remords. Ah ! pauvre Olympe, elle demandait si peu, en échange de sa favorable et piquante beauté ! — Bon ! je vois ce que c'est, reprit des Aubiers, à mon âge, on comprend volontiers les défauts du vôtre, et vous aurez fait hier une triste campagne amoureuse. Avouez-le, afin qu'on y remédie, au moins par un bon conseil. Ou bien, si le malheur est irréparable et la faute sans rémission, consolez-vous, mon jeune maître ; avec cette taille et cette belle prestance, on aura bientôt retrouvé d'autres amours. Que dit la chanson ? « Chagrin d'amour ne dure qu'un instant ! » Peut-être aussi serez-vous tombé sur quelque vertu que vous ni moi nous ne soupçonnions guère.

Donc, un peu de patience. Attendre, espérer, deux choses de grand rapport en amour. Pour l'avoir attendu, Mlle de la Vallière a pris Louis XIV ; pour l'avoir attendue à son tour, le roi a pris Mme de Montespan. La farouche Olympe aura lu hier matin, à son petit lever, le dernier roman de Mlle de Scudéry, ou mieux encore elle aura consulté la CARTE DU CHEMIN D'AMOUR, et elle s'est demandé, en son âme et conscience, si elle faisait bien de quitter l'*Océan d'honneur*, pour naviguer avec monsieur que voilà, sur *le lac de la bienveillance*, qui est au septentrion, et de là dans l'*Ocean de tendresse*, qui est à l'occident? Pauvre de vous! On vous aura conduit sans vous consulter *d'assiduité* à *complaisance*, de *complaisance* à *petits soins*, de *confiance* à *soumission*, de *fidélité* à *constance*, d'*ardeur* à *discrétion*, et tout ce chemin pour vous maintenir dans le *port d'estime*, sur le *rivage bel esprit*, entre *belle âme* et *souhait*, aux pieds de *la montagne des Mérites*. Peut-être aussi la faute en est à vous, qui n'aviez pas fait un séjour assez long dans le village de *petits soins* et de *billets doux*. Que si cela vous ennuie, après tout, de loger à la *belle Esperance*, il faudra chercher quelque aimable consolation, à l'enseigne de *la Charité*.

Apprenez cependant qu'avant-hier, pas plus tard, le théâtre Antoine a fait son ouverture à l'improviste, ou pour mieux dire, ce n'était qu'une répétition générale. Une compagnie.... une troupe de comédiens nous est venue en charrette, les messieurs assis sur le timon, les dames trônant sur une botte de foin, l'œillet à l'oreille, la rose à la joue, et la tubéreuse au fichu. Des gaillards! Pour un écu, ils escaladeraient le ciel. Des drôlesses! Elles croqueraient à belles dents tout l'héritage de la grande Mademoiselle, y compris les douze cents livres de M. de Lauzun, la forêt d'Aumale et le château d'Eu.

Ça boirait la mer et les poissons, voilà pour les hommes ; ça briserait d'un coup d'éventail le bâton de M. de Turenne, le maréchal général, voilà pour les dames. Vous leur donneriez le cordon du Saint-Esprit, morbleu! elles s'en feraient une jarretière, et de la plaque en diamant des *esclavages*. C'est faquin, bellâtre, affamé, vantard, ivrogne, et tout ce qu'on veut. Ça vous a des mensonges, des falbalas, des coquetteries et des guitares à faire rire, à faire peur. Quand j'avais l'honneur d'être un mousquetaire noir, de monseigneur le prince de Conti, l'ami de Poquelin, maître du Temple et protecteur de la comédie, il m'arrivait presque tous les jours, pour mon compte ou pour celui de mon prince, d'aller coqueter et caqueter sur le théâtre. On y faisait le gros dos, on y montrait sa belle jambe, on y riait à la barbiche des clercs de procureurs, à la barbe des marchands de la rue Saint-Denis.

Nous autres, les petits-maîtres à talons rouges, étions assis sur la scène, et Dorimène, en passant, nous riait d'un air câlin ; Cléanthis nous serrait la main en cachette, Agnès nous demandait tout bas à souper chez le traiteur. Que c'était amusant la comédie ! Que les yeux et les oreilles étaient charmés ! et les esprits contents !

J'ai connu en ce lieu de sans-gêne et de délices, des coquettes qui en auraient remontré à la duchesse d'Olonne elle-même ! Et l'on causait et l'on riait et l'on se damnait... que c'était une bénédiction. La comédie à vrai dire, est le Pandémonium de tous les vices charmants; pas une passion qu'elle n'éveille, et pas un danger dont elle ne soit la complice. Elle est toute oisiveté, paresse et gourmandise, en un mot les sept péchés mortels, plus la vanité. C'est un des grands débouchés de l'enfer, c'est le vrai chemin des tentations. J'avais un ami, le chevalier de Sallis, un Piémontais, qui s'est fait tuer rien que pour l'honneur de ramasser le mouchoir de Léonor, et nous n'avons pas trouvé, dans ce temps-là, que ce fût un honneur trop chèrement payé.

Quand il était dans ses souvenirs, le chevalier ne s'arrêtait guère, et c'est là une preuve irrécusable qu'il se faisait vieux. Le jeune baron, de son côté, écoutait rarement ces homélies galantes avec autant de patience; il fallait qu'il fût bien occupé et préoccupé de ce qu'on lui disait, pour ne pas couper tout net la parole à son interlocuteur. Que si vous lui eussiez demandé d'où lui venait soudain cet intérêt si puissant pour la race abjecte des comédiens, à laquelle il avait songé si peu jusqu'à ce jour?... Il n'eût su que vous répondre.... et pourtant il le savait bien.

« Vous dites, reprit le baron, que les arrière-cousins et les arrière-cousines de ces grands comédiens ont envahi nos remparts ?

— C'est comme j'ai l'honneur de vous le dire, Henri; avec trompettes, avec tambours, par les grands bruits, par les couleurs les plus voyantes, par toutes les promesses folles, ils se sont emparés des cœurs et des âmes. La ville entière appartient à ces excommuniés, sans foi ni lois, à ces drôlesses sans feu ni lieu. On se rue à leur porte, et s'ils avaient un portier, leur portier eût été étouffé le premier jour, comme à la *Sophonisbe* de Mairet. C'est une rage. On a vu M. Durbec, vous savez M. Durbec l'usurier, si dur à lui-même, impitoyable aux autres, apporter tout net sa pièce de trente sous, pour messieurs les comédiens. La grande Alizon, Alizon la mauvaise langue, a vendu la montre de sa première communion pour payer son abonnement. Figurez-vous, mon cher, l'abomination de la désolation! L'Église est en fuite, et monseigneur l'évêque en doit parler, dit-on, dans son prochain mandement. Moi-même, un si fin connaisseur, le moi, revenu des vanités mensongères, et des bruits inutiles, je me suis surpris dans un coin des tréteaux bâtis, à vos frais, par l'oncle Antoine, riant à perdre haleine. Ils sont vraiment très-amusants ces drôles-là! Ils vous ont des mines, des tours de tête, et des gaietés imprévues que c'est à mourir de rire. Et quant aux dames....

— Eh bien les dames, qu'en disons-nous? reprit le jeune homme en cachant son jeu; ça doit être une assez piètre engeance une fois hors de l'hôtel de Bourgogne? Et je ne comprendrais pas, quand il a vu tant de beautés, que M. le chevalier s'amusât à ces robes frippées. »

Parlant ainsi, M. le baron se regardait dans la glace; il peignait sa barbe naissante, et s'assurait que ses yeux battus convenaient bien à sa pâleur.

« Peuh! reprit le chevalier, ces dames.... sans mentir, elles sont assez jolies, mais, hormis une certaine Guillemette, une petite masque en sa jouvence, ces dames ne sont plus dans l'adolescence. Je m'y connais; tant bien que mal, ce sont de vraies comédiennes; ça vous a un ragoût, un montant, un je ne sais quoi d'épicé, de turbulent et d'imprévu, qui ferait tourner les têtes les plus solennelles. Messieurs les maîtres des requêtes ne résisteraient pas, j'en suis sûr, à telle compagnonne aux dents blanches et bien aiguisées. Plus d'un président à mortier, s'il était bien sûr qu'on ne le vît pas, remettrait sa pantoufle à la jambe aisée et ronde de la belle Argentine. Elles sont de vrais péchés, ces femmes-là, des péchés tout faits et mortels. Bref, hommes et femmes, tous comédiens, tous damnés, tous bons vivants et bien vivantes. Mais chut, il n'en faut point parler devant madame ta grand'-mère, elle en ferait le signe de la croix, et pour conjurer ces esprits malins, il n'y aurait pas assez d'eau bénite au château. »

La journée ainsi se passa, médisante. Ils dînèrent l'un et l'autre aux Aigues-Vives, la douairière assez sérieuse, inquiète et parlant peu. Elle avait appris, des premières, cette invasion des comédiens qui lui rappelait fatalement l'*oncle Antoine*. Ce matin même, ils avaient fait poser, les misérables, une affiche à la porte du château, où venaient bifurquer les sentiers de plusieurs villages d'alentour, la dame indignée avait fait arracher l'affiche et l'avait jetée au feu. De l'antichambre, à l'écurie et dans la cuisine, il n'était question que de la comédie et des comédiens. Le service en était dérangé. Plus de chansons, mais un chuchotement à voix basse. Après que la vieille dame eut fait son reversis avec M. le chevalier, et perdu la partie en dépit des bons conseils de son petit-fils : « Il se fait tard, dit-elle, je vous laisse; amusez-vous, mais soyez sages. » Alors la main sur la tête de son petit-fils, elle le contempla, pendant toute une minute, de ce clair regard qui fait croire à la double vue.

Ayant pris congé de la dame, et sans se dire : où donc ils allaient? Henri, en habit noir et sa plus belle épée à son côté, ils montèrent l'un et l'autre dans le carrosse à deux chevaux. C'était un carrosse fermé, à deux places, et qui ne servait guère, aux grands jours, qu'à la vénérable aïeule, allant à l'église, ou se promenant parfois dans ses domaines. Figurez-vous une machine épique et solennelle, avec deux laquais par derrière en grande livrée; et le jeune homme, entrant là dedans, se prit à rire avec un serrement de cœur.

« Est-ce bien cela, chevalier; sommes-nous dans l'attitude exigée, et produisons nous l'effet que nous attendons?

— Parfaitement, reprenait des Aubiers.

« Le peuple à pied, les croquants à cheval, les bourgeois en carriole et le seigneur en carrosse. Au bruit de nos ressorts rouillés, on nous entendra du théâtre, on nous verra venir du fond de la rue, et les comédiens espérant que c'est une dame, et les comédiennes déjà sûres que c'est un jeune homme, regarderont par leur *petit judas*. Quoi de mieux? La portière s'ouvrira lentement, je sauterai d'un pas leste, et moi vous donnant la main, vous descendrez d'un pas solennel, afin que la soubrette ou la coquette ait tout le temps d'admirer, de la tête aux pieds ce jeune seigneur qui vient en si bel équipage, et de si loin, pour protéger la comédie.

« Ainsi faisait Richelieu, ainsi fit Mazarin, ainsi fait encore aujourd'hui le roi notre sire.... Ah! le grand succès que nous allons avoir! »

Comme ils devisaient, ils arrivèrent à la porte du vieux théâtre, où rien ne leur advint de tout ce que le chevalier avait prévu. Les comédiennes étaiten à leur réplique, et les badauds riaient au nez du vieux carrosse. Enfin, dernier désappointement, la salle était pleine! Il fallut attendre un grand quart d'heure avant que, la première pièce étant achevée, et par faveur spéciale, nos deux visiteurs obtinssent dans un coin de l'orchestre un simple tabouret, qui n'était pas même au niveau de ce parterre, où chaque spectateur se tenait debout, entassé sur son voisin.

Tant que cet espace en pouvait contenir, voire un peu plus, les spectateurs étaient venus. La galerie à droite, à gauche était envahie par quantité de belles personnes et d'amateurs sérieux qui, dans leur joie ou leur pitié, n'oubliaient guère qu'ils étaient eux-mêmes en spectacle. Mais pour le baron, quelle surprise! Au premier rang, avec la grande Alizon en chaperon, était assise, enjouée et parée à ravir, Olympe de Bardy, la déjà consolée!...

Elle était conduite en ce lieu de fête par M. de Montagnac-longue-Épée, et la voyant si belle et souriante, Montagnac ne se tenait pas d'aise. On eût dit qu'il voulait se précipiter dans le parterre, à la façon dont il étalait son triomphe, et son habit en velours nacarat. C'est si beau le bonheur, qu'il donnait un surtout de jeunesse à la maturité de ce cadet de Gascogne, et la dame et le monsieur, en se regardant bel et bien, se faisaient valoir l'un l'autre. On disait généralement qu'ils s'étaient fiancés le matin même. Il n'y avait cependant que vingt-quatre heures, depuis l'heure où vous attestiez, Olympe, et la terre et le ciel, que vous adoriez le jeune homme ici présent !

Après l'entr'acte, quand chacun fut à sa place, le baron et son compère enfouis suffisamment dans le roulis du parterre, après la ritournelle du ménétrier, et les chandelles étant bien mouchées, enfin s'ouvrit la toile sur la dernière comédie. On fait grâce ici de ces inventions du tréteau : la lie et le vin, la joie et la bombance, la poêle à frire et le coup de bâton, la gourmandise et l'amour, le raclement des guitares, le bruit agaçant des castagnettes, le cliquetis des mots à double sens, des grivelées joyeuses, des quolibets facétieux, composaient tout de suite un agréable mélange d'esprit, de vivacité, d'inventions, de féeries, d'ironie et de coups de pied, auxquels on ne peut rien comparer dans aucun siècle, au delà ou en deçà de ce siècle, italien à demi, espagnol à demi.

La comédie était une gourgandine avec toutes sortes d'audaces, qui voulait plaire et plaisait à tout prix. Trahisons, mensonges, obscénités, nudités, telles étaient l'œuvre et la tâche, et tout cela valait surtout par l'ingénuité du parterre, ajoutez par la beauté lascive des comédiennes et le talent sans art des comédiens.

XI

Ces comédiennes prime-sautières manquaient tout à fait d'étude et de leçons. Elles ont régné par la comédie, elles sont mortes dans la comédie avec le sans-gêne et le sans-façon de tous les jours. Leur talent, plein de naturel, consistait à tout dire hardiment, à devancer la poésie, à deviner le poëte, à juger, d'un coup d'œil, l'auditoire. Elles représentaient, au pied levé, toutes les passions agréables, tous les défauts facilement pardonnés. L'énigme de leur vie était : *licence*, et leur plaisir : *vagabondage !* A l'heure où chaque homme, et surtout chaque femme, en ce plaisant pays de France, étaient attachés à sa glèbe, à sa maîtrise, à sa maison, à l'ordre enfin, la comédienne avait conquis ce privilége excellent : aller partout, rester, revenir, à son caprice.

Elle allait sur les grands chemins, conduite par le hasard son frère, et par sa sœur la fantaisie. Elle obéissait au caprice, au besoin de plaire, et, pour plaire un jour, elle donnait sans remords, son âme éternelle. Astre et fantôme! On l'abordait avec tremblement; les naïfs disaient, la voyant passer : « C'est un feu follet qui passe; » et les sages, entre eux, à voix basse : « Avez-vous vu, compère, une pareille citadelle de toutes les corruptions? »

Tant qu'elles étaient jeunes et recherchées, leur mauvais renom les faisait rire et vivre; elles étaient fières de l'universelle malédiction qui pesait sur leurs têtes incendiaires. Hors de l'église, elles étaient un vrai phénomène; elles s'appelaient les damnées. C'était une distinction terrible, il est vrai, dans l'univers habité du monde chrétien, mais enfin une distinction. Ajoutez la nécessité, la pauvreté, les moindres accidents de la vie errante et le mépris public, compensés et au delà par l'enthousiasme et par l'admiration de la foule.

Hélas! parmi ces abandonnés à l'heure présente, que de grands artistes sont morts de faim et de froid au coin d'un bois, ou sur quelque grabat d'hôpital, puis enterrés la nuit, hors du cimetière, leurs corps jetés aux voiries, avec les *Turcs,* juifs et les suppliciés!

Ceci vous explique à la fois la honte et le bonheur, l'épouvante et l'attrait que les jeunes gens surtout, les nouveaux venus, éprouvaient à l'aspect de ces filles de Satan, pour peu qu'elles fussent belles, inspirées et tant soit peu jolies. La terrible émotion que le jeune baron avait ressentie sous l'étreinte ardente de la Rosalinde était partagée, ou peu s'en faut, par tous les spectateurs de son âge, et quand elle apparut dans son habit couleur de lune et couleur de soleil, mordante et médisante à ravir, le sein nu, les bras nus, la tête au vent, l'ironie à la lèvre, au front l'étoile, et dans la démarche un petillement sans frein, la salle entière se remplit de la flamme électrique. « O Nymphes et Muses de la vie errante! voilà ma vieille d'hier, se disait Henri. C'est elle, et je reconnais le brasier! Voilà la flamme et voilà ma perte! Elle m'arrête et me fascine! Et moi, insensé, il faut que je l'écoute et que je l'admire! Hélas! pour cette bohémienne, pour cette fille d'Égypte, à la peau brune, je donnerai mon âme!... »

Or, dans ces tumultes intimes, il restait maître de soi. Pas un de ses voisins, pas même le chevalier des Aubiers, n'eût pu lire sur ce beau visage la passion cachée. Il est vrai qu'en ceci la dame au baiser valait le monsieur. S'il était hypocrite, elle était habile.

Elle en savait long, la Rosalinde! A la voir si délibérée, on n'eût pas dit qu'elle avait deviné dans sa cache et compris cet enthousiaste. Au contraire, elle allait légère et bondissante à travers la comédie, adressant ses plus doux regards à son peuple. Et si parfois ses yeux brillants, qui disaient tant de choses et même un peu plus qu'ils n'en voulaient dire, oubliaient la foule, et s'arrêtaient de leur regard d'éclair sur quelque auditeur préféré, Henri remarqua, non pas sans trouble et sans peine, que la comédienne avait de préférence ses deux yeux sur M. de Montagnac, soit qu'elle le voulût récompenser de ses applaudissements frénétiques, soit plutôt qu'elle essayât, la coquette impitoyable, de troubler les amours de la belle Olympe. Elle était semblable aux conquérants preneurs de villes, qui ne dédaignent pas une bicoque. Abaisser les superbes et mépriser ceux qui rendent les armes, telle était sa devise héroïque.

Ah! qu'on lisait bien dans ses traits, dans son geste et son moindre frisson qu'elle se savait dangereuse.

Elle avait, en outre, un grand penchant pour l'improvisation, comme une fille de tréteau qu'elle était. C'était même une grande part de sa toute-puissance, aussitôt qu'elle voulait s'en donner la peine, et que des hauteurs de son mépris elle daignait condescendre aux vœux des mortels. En vain le poëte, avant elle, avait écrit sa comédie; en vain il l'avait rimée, ou tout simplement rhythmée.... elle se moquait bien du poëte! Il n'était que son serviteur très-humble, il venait à sa suite, et portait humblement la traîne pestiférée de son manteau. La Rosalinde était le vrai poëte; elle ne disait la prose et les vers de son rôle que si elle n'avait plus rien à dire.

Or, de ce mélange furieux, où la parole feinte et la sincérité étaient confondues avec un sans-gêne irrésistible, résultait pour ce parterre inflammable une conviction à laquelle on ne saurait rien comparer. Ce n'était plus une comédie, une comédienne.... on assistait aux gaietés les plus folles, ou bien aux violences les plus sérieuses, comme, au reste, la Dame aux yeux brillants le fit bien voir lorsque la pièce étant finie, elle s'en vint sur le bord du théâtre annoncer le spectacle prochain :

« Messieurs, dit-elle avec une belle révérance, on a fait aujourd'hui de son mieux pour vous plaire, et je vois à vos yeux que l'ennui n'était pas de la partie. On vous donnera, s'il vous plaît, après-demain, une tragédie où l'on rit, une comédie où l'on pleure, et nous espérons que, cette fois encore, il vous plaira de nous témoigner quelque amitié dont nous avons besoin. Car, messieurs, fit-elle en désignant d'un geste assez dédaigneux un gros homme épanoui sur la banquette de l'amphithéâtre, après avoir reçu un bon accueil au *Lion-d'Or*, tout à coup notre hôte étant pris de scrupule dans le vaste siége de son étroite raison, et sans doute aussi pour son argenterie, avec de grands cris et de grandes violences, nous a chassés, pauvrets, de son château enchanté. Si bien que nous voilà dans la rue, à moins d'un remords de notre persécuteur, si nous en jugeons par sa gaieté de tout à l'heure, et par cette face assez semblable au soleil levant entouré de ses rayons. »

Rosalinde, en ce moment, désignait l'hôtelier malencontreux.

Après une pause, elle reprit :

« Toujours est-il que nous sommes exilés à cette heure, et que notre affiche étant exposée à des violations cruelles, même aux portes seigneuriales qui nous devraient défendre et protéger, nous prévenons messieurs nos conviés à nos fêtes joyeuses, que nous habitons désormais dans un lieu proscrit et décrié, tout au bout du pays, dans la *maison blanche*. On raconte qu'elle est pleine de revenants; si vous y venez, messieurs, on dira bientôt qu'il y revient des *esprits*. »

A ces mots d'une gentillesse irrésistible, partit comme un tonnerre un applaudissement unanime, et, tout de suite après, le public se tournant vers l'hôte étonné du *Lion-d'Or*, se mettait à le siffler de la façon la plus énergique. Il ne savait où se garer, le pauvre homme; il demandait grâce et pitié à ses persécuteurs. « Sifflez, sifflez, messieurs, reprenait la Rosalinde, et rappelez à ce mécréant les respects qui sont dus aux représentants de l'art dramatique. On vous demande en même temps pour le propriétaire heureux de la *maison blanche*, un petit vieux, sec, court, chauve et contrefait, qui doit retenir son haleine en se faisant prendre la mesure d'un habit, pour qu'il y entre un peu moins d'étoffe, un applaudissement mérité. Après bien des prières, et moyennant de sûres garanties (voyez, messieurs, pas une perle à mon cou, pas un bracelet à mon bras), il a consenti à nous louer sa maison blanche, que personne avant nous n'eût voulu habiter, même quand on l'eût soudoyé. C'est pourquoi je te salue, ô brave homme hospitalier, et je te salue avec un baiser. » Alors de rire, et l'usurier Durbec de se cacher dans les entrailles de la terre. Ah! qu'elle était gaie et méchante aussi, cette Rosalinde, et que le parterre eut grand'peine à la quitter ce soir-là!

Rosalinde ayant parlé, les chandelles s'éteignirent l'une après l'autre, et comme, au dehors, se faisait entendre un bruit de mauvais augure, en toute hâte, l'auditoire se sépara. Ce bruit était la menace d'une horrible tempête.

Les nuages du matin n'étaient pas remontés si haut que, peu à peu, ils ne fussent redescendus dans la vallée, et les habitués de ces campagnes, les prudents, ne s'étaient pas mis en route sans apporter mantes et manteaux. Le nuage avait crevé juste au moment où Rosalinde achevait sa grande annonce, et maintenant c'était à qui se porterait hors de la salle.

Un des derniers, sortit le baron de Vivès, une force irrésistible l'ayant tenu jusqu'au dernier moment cloué sur son tabouret. A peine il s'était aperçu que le chevalier avait pris congé sans mot dire, et, plein de songes, il gagna le seuil de ce théâtre où rayonnaient tant de chimères. La pluie, à torrent, tombait; tout fuyait, tout s'éclipsait. Plus d'une mante à quatre pieds sans plumes parcourait la rue en riant aux éclats; même on racontait le lendemain que sous la mante d'Alizon était caché le beau Léandre, et que le *fier à bras* partageait, malgré le bonhomme Durbec, le manteau de l'usurier.

Donc la place était nue au moment où le baron faisait avancer son carrosse, en cherchant je ne sais quoi de ce côté-ci, de ce côté-là. Ce qu'il attendait, ce qu'il espérait.... vous le savez bien, si vous êtes jeune encore.... Il vit tout d'abord, dans une embrasure où elle se tenait à l'abri, la belle Olympe attendant qu'on la vînt prendre. Elle avait un petit air dédaigneux, voisin du mépris, qui lui seyait à merveille. Elle était seule en ce moment, M. de Montagnac ayant été chercher le mantelet et les mules de sa déesse.

Rien ne semblait plus simple, au premier abord, que de monter dans le carrosse et de rentrer chez soi. Mais cette idée ne vint à personne. Olympe eût refusé le carrosse, Henri ne songea pas à l'offrir; aussi bien quand revint M. le cornette heureux et tout ruisselant de pluie et d'une intime joie, Dieu sait qu'il fut récompensé de sa peine en chaussant les deux pieds de sa maîtresse, en couvrant ses belles épaules, en la ramenant bien vite à sa porte ; et la porte impatiente, à petit bruit, se referma. C'était bien fait.

Cependant les chevaux de M. le baron, las d'attendre, et ses valets tout mouillés de l'orage, semblaient demander le signal du retour ; mais leur maître oublieux espérait encore. A la fin, une porte invisible, la porte des comédiens, à l'angle de la muraille, étant ouverte, apparurent trois comédiennes qui restaient de la compagnie, et qui s'enfuirent enveloppées dans leur sarreau de serge, comme des filles qui sont attendues à souper quelque part. Puis se montra enfin la Rosalinde en sa robe de printemps, une fanchon de dentelle sur la tête, un mouchoir de broderie à son cou.... Encore un pas, elle était transpercée.

« Ah ! fit-elle en voyant le carrosse ouvert, je suis sauvée !... » Et, comme en ce moment de trouble chez le maître, et d'hésitation chez le valet, l'un et l'autre avaient oublié d'abaisser le marchepied, d'un bond Rosalinde, à la façon du serpent qui rentre en son trou, se blottit dans le vieux carrosse. En ce moment le baron se demandait ce qu'il devait faire, et s'il n'était pas convenable qu'elle rentrât seule et que son carosse le vînt rejoindre ?...

Elle devina sa pensée et l'attirant de ses bras souples et violents comme l'acier : « Viens !... » lui dit-elle à voix basse. Il reconnut le souffle, il retrouva l'étreinte. A peine il eut assez de sang-froid pour indiquer à ses gens la *maison blanche*, et le voilà parti tête-à-tête avec cette damnée, pour un lieu décrié, dans le carrosse de sa grand'mère, et conduit par le vieux cocher qui l'avait vu naître et qui le conduisait à l'église le jour de son baptême !

Au dedans la nuit, l'orage au dehors ; le feu dans les veines ; l'espérance et le remords plein le cœur.

Ils arrivèrent bien vite au nouveau logis que Durbec l'usurier venait de louer à la compagnie. On vous a déjà dit qu'une assez grande maison, d'une architecture incertaine, et pourtant d'un bel aspect, avait été bâtie en ce lieu désert, entre le bourg des Aigues-Vives et le château, par le fameux oncle Antoine. Depuis sa mort, la clôture était tombée, afin d'élargir le chemin sur lequel avait empiété ce grand bâtisseur. Donc la *maison blanche* n'était guère distante de la route, et l'on y pouvait entrer de plain-pied. Sitôt que l'ombre enveloppait ces murailles d'un ton cru et froid, l'aspect de la maison n'était pas défavorable ; elle sentait sa maison forte et bien bâtie. On voyait qu'un soldat, artiste à demi, avait habité sous ce toit, qui, de loin, ressemblait à des créneaux, comme on en voit à Florence, emblème et souvenir des anciennes guerres civiles.

« Entrez, messire! entrez, s'écria la Rosalinde en défripant ses vêtements que quelques gouttes de pluie avaient touchés; soyez le bienvenu dans notre humble logis; tel qu'il est, je vous l'offre et de grand cœur. »

XII

A ces mots, le jeune homme, à demi content, inquiet à demi, très-heureux, mais très-étonné d'être enlevé par cette Armide et cette princesse Porcia, monta, par un grand escalier, dans une salle haute, où c'était à peine si la clarté d'une lampe suffisait à éclairer les ténèbres. C'est là que Rosalinde avait posé ses tabernacles.

Elle avait arrangé de son mieux, dans le plus bel ordre, un tas glorieux de chiffons, de friperies, d'oripeaux, de jupes brodées, tout l'attirail frelaté de la galanterie et de la comédie à l'aventure; habits fanés dont ce beau corps avait sauvé ou retrouvé la forme élégante. A voir le détail de ces fanfreluches, le plus innocent se fût écrié : « Quelle misère! » A les contempler en bloc dans leurs couleurs radieuses, un amoureux se fût écrié : « C'est l'arc-en-ciel! » Tout un poëme était représenté dans ces loques apprêtées avec tant de grâce et conservées avec tant de zèle.

Chaque attifage avait son nom propre et son souvenir. Ces reliques avaient habillé les vraies comédiennes du vrai monde, avant de parer les Célimènes de comédie, et Rosalinde, en fille indiscrète et qui remonte aux origines, avait retenu le nom de toutes les beautés qui s'étaient parées avant elle de ces atours démodés. Elle en savait l'histoire; elle en disait les péripéties et les changements avec un sourire voisin de la tristesse. « Voici le beau jupon de Mme de Bonnel, une fois qu'elle rendit visite au duc de Caderousse, un seigneur du comtat d'Avignon.

Voici les jarretières de Mlle de Toussi ; M. d'Hervieux les fit acheter, en grand mystère, chez les orfévres de la galerie du Palais. Cette robe appartenait à la duchesse d'Aumont ; elle la portait le jour même où elle se fit aimer du marquis de Fervaques. Cette mante est bien vieille, elle couvrait le jeune sein de la marquise de Rambures, quand elle se promenait discrètement dans les labyrinthes de Saint-Cloud. M. de Biran a déchiré de ses éperons cette jupe de la comtesse de Maré, qui voulait rejoindre en toute hâte le justaucorps de M. de Tallart. Cette belle ceinture a servi à Mme de Ranes ; c'est le prince de Montauban qui l'a dénouée.

Ainsi, cette garde-robe était un phénomène, un vrai poëme ; elle commençait à Louison d'Arquien, pour s'arrêter à Mlle de Lenclos. Après avoir servi à tant de passions véritables, ces vaines reliques n'étaient plus qu'un déguisement pour les mensonges de chaque soir. Rien qu'au toucher, ce taffetas se déchire; les légers tissus exhalent une odeur de linceul.

Telle était la complainte et le *De profundis* que Rosalinde, en ses jours de tristesse, adressait à ses parures de haillons, non pas sans rêver que peut-être elle aurait son tour, et des robes neuves à traîner dans ses propres sentiers.

Mais à l'heure où nous sommes, en tête-à-tête de ce jouvenceau qui tremble et pâlit, la belle fille ne songeait guère à passer sa garde-robe en revue, et son premier soin, quand elle se vit à l'abri de l'orage qui la couvrait, fut de rassurer ce pâle amoureux, qui n'eût pas mieux demandé que de prendre la fuite. Elle-même, elle hésitait; son regard était plein de compassion, tantôt plein de tendresse.

« A quoi bon? disait la prudence. — Et pourquoi pas? répondait la passion. — Il est si dégingandé, si embarrassé de sa personne! disait l'esprit. — Il est si beau, si jeune et si bien fait! disait le cœur.

Depuis tantôt six mois qu'elle avait quitté la ville et ses délices, pour traverser tous les accidents, le jeune baron était le premier souci de Rosalinde; il était sa rencontre heureuse; il lui était venu sans qu'elle l'eût cherché. La grande peur de cet ingénu, se voyant si près d'elle, était même un nouveau charme à ses yeux, et, le perdre aujourd'hui, c'était le perdre à jamais.... « Bah! dit-elle, en sa péroraison mentale, il est trop heureux, ce nigaud-là. » Puis, quand elle eut allumé ses deux chandelles de cire, et quand elle se fut bien regardée au miroir en relevant le chignon de ses longs cheveux, quand elle eut lavé sa joue et ses belles mains, essuyé son rouge et retrouvé la mate pâleur d'une jeunesse accorte et vaillante :

« S'il vous plaît, dit-elle au jeune Henri, de souper avec moi, vous n'avez qu'à le dire.... Au moins savez-vous, monsieur le baron, comme on s'y prend quand on s'invite au logis d'une dame avenante et qui vous veut un peu de bien ? Vous l'ignorez, j'en suis sûre. Eh bien ! moi, je vous l'apprendrai. »

A ces mots, tirant de sa poche un louis d'or, elle enveloppa ce louis dans une papillote oubliée sur la toilette, elle ouvrit la fenêtre, et faisant la grosse voix :

Quel est le nom de vos gens, monsieur le baron ?

« Mon cocher s'appelle Pierre et mes deux laquais Joseph et Justin.

— Eh bien ! Joseph et Justin, s'écria la Rosalinde, allez voir au château de votre maître si j'y suis, et voilà de quoi boire à ma santé. »

Puis le carrosse restant immobile :

« Obéissez ! dit à son tour le baron, et qu'on ne m'attende pas au château. »

Alors, avec un battement de ses deux petites mains vermeilles, et bondissant comme une folle :

« Et voilà comme on s'y prend, mon

bachelier ; et ce n'est pas plus difficile que cela ! » fit-elle avec un salut d'ironie et de gaieté.

Ce salut fut son salut, comme on eût dit chez les *Précieuses*, Cathos et Madelon ; car, à l'instant même où elle courbait la tête, elle reçut, avec les débris du carreau, le même louis d'or au-dessous du sourcil... un peu plus bas, la tempe était touchée.

« Ah ! *demonio* ! les bourreaux ! s'écria-t-elle. Ils me renvoient sans l'envelopper, au risque de me briser une dent ou de me crever l'œil (ma fortune !), ce beau Louis que je leur envoie, et qui m'a donné tant de peine à gagner. Si quelque honnête homme m'avait traitée ainsi, il aurait ma vie, ou j'aurais la sienne, oui-da, monseigneur ! »

Elle était furieuse, elle était superbe, et tout d'un coup elle se prit à pleurer. Le jeune homme alors, voyant couler ces belles larmes, fut amoureux pour tout de bon. La pitié lui vint pour cette abandonnée, et la pitié, dans ce cœur innocent, était bel et bien de l'amour. Il commença par implorer le pardon de Rosalinde. Il essuya ses larmes; il baisa ces beaux yeux qui avaient tant pleuré; il calma cette colère; il promit de châtier Pierre et Justin, qui étaient déjà bien loin, à en juger par le bruit du carrosse; et tant il demanda grâce et pitié pour lui-même, à genoux et les mains jointes aux deux mains de la dame offensée, qu'à la fin il obtint son pardon.

« Henri, dit la belle, à la fin rassérénée, on n'a pas oublié que vous êtes invité à souper. Venez, la table est mise. » En effet, à l'autre extrémité de la chambre, apparaissait une table, où deux convives, tout au plus, pouvaient s'asseoir. La table était en bois blanc, couverte à demi d'une serviette bise; au beau milieu, était posée une corbeille; entre la bouteille et la carafe, une salière et deux assiettes rustiques; un verre, un couvert d'étain complétaient ce surtout champêtre. Il y avait dans la corbeille les raisins, les noix, les figues du dernier automne ; un grand chiffon de pain bis, et c'était tout.

— Voilà le souper, dit Rosalinde. On vous aura parlé, j'en suis sûre, de *nos orgies* à nous autres comédiennes. Telle est notre orgie ; pour ma part, j'en suis contente, et volontiers je dirais comme M. de Segrais le poëte, à qui nous devons la traduction des *Églogues* de Virgile :

Viens-t'en, mon cher ami, dans mon petit ménage,
J'ai des noix, des raisins, du pain et du fromage. »

Elle avait aussi des noisettes, et les cassait à belles dents, offrant l'aveline à son amoureux. Ah! le doux festin! La belle eau fraîche. Ils la buvaient dans le même verre ; ils étaient contents l'un et l'autre à partager le pain et le sel. Si les raisins venaient à manquer, au-dessus de leur tête une grande provision était suspendue, ils n'avaient qu'à lever la main pour la cueillir. En même temps, les joyeux propos, les grâces échangées, les doux rires, et tout ce que peut dire une belle fille qui sait dire autre chose que des rôles appris par cœur. Il y eut cependant un moment où tout s'assombrit dans le petit ménage.

« Mon ami, qu'en dites-vous ? Pierre et Justin ont rempli ce logement de froidure ; il me vient un grand vent par cette vitre brisée ; j'ai froid ; allez chercher là-bas, dans ce coin, derrière ma toilette, mes coiffes de nuit attachées à la muraille ; j'ai peur d'aller jusque-là.

— Peur de quoi, Rosalinde ? Et d'où vient, s'il vous plaît, que vous tremblez ? Vous étiez tantôt si forte et si hardie, et vous ne doutiez de rien !

— C'est que là-bas, dans cet angle obscur, à ce clou où j'ai posé ma cornette, on m'a raconté, tantôt, qu'une jeune femme, une enfant de ce pays-ci, elle n'avait pas vingt ans, s'était pendue.... et j'en ai le frisson. On ajoutait qu'elle était belle, innocente et très-amoureuse. Elle avait rencontré dans ses sentiers, non pas un jeune homme, un enfant de votre espèce, un petit baron timide avec les dames et féroce avec les hommes, mais un vieux capitaine, un vieux mécréant, un de ces sacripants de l'épée, à qui rien ne coûte pour satisfaire un caprice d'un jour. Donc, il l'a vue, il l'a voulue, il l'a séduite, et, dans cette prison, il l'a abandonnée, emportant un frêle enfant de ses œuvres. »

Voilà l'histoire; et si je vous ai fait tantôt ces belles avances, n'en soyez pas trop fier, ce n'était pas tant par amour, que par terreur, et pour ne pas rentrer seule. Or, ce clou funeste, il est là-bas dans l'ombre! Ils l'ont laissé, les impies! Allez-y, je vous prie, Henri, arrachez-le de cette muraille, — et demain, vous et moi, en expiation de nos péchés, nous irons l'enfouir en terre sainte.

Elle disait cela d'une voix émue, et si touchante! Ce qui les distingue un peu des autres femmes, ces comédiennes, c'est que hors du théâtre, et dans la passion, elles redeviennent tout à fait des femmes, et trouvent l'accent vrai pour leur propre compte, sitôt qu'elles ont déposé la feinte et renoncé à la déclamation. Sans savoir pourquoi, de son côté, le jeune homme eut un frisson voisin de la peur. Peut-être que cette eau qu'il avait bue à même du verre où buvait Rosalinde l'avait enivré.

C'est très-vrai, il y voyait double; il allait d'un pas chancelant, et quand il fut arrivé à ce coin de la muraille où la tendre victime avait fixé l'instrument de son supplice.... ô vision! une couronne d'immortelles, comme on en pose sur les tombes fraîchement fermées, était suspendue à ce clou du meurtre, et celui-là eût été plus courageux que le jeune baron, qui eût porté sur cette couronne funèbre une main profane. Au contraire, il la contemplait comme on regarde un miracle; et, quand il l'eut bien regardée, il revint sur ses pas, en silence, et, prenant par la main Rosalinde effrayée, un flambeau à l'autre main, il la conduisit à cette élégie.

« Aviez-vous donc oublié, lui dit-il, à voix basse, que vous aviez posé là cette couronne, ou vouliez-vous tenter mon courage? Ah! comme vous êtes pâle, en effet, et que je suis fâché de ne pas avoir trouvé ces coiffes pour vous réchauffer! »

Elle cependant, ne savait que répondre; elle cherchait, mais en vain, une explication à cette aventure.

Et muets, consternés, ils se taisaient! O surcroît d'épouvante! En ce moment, la lumière échappée à leurs mains tremblantes les laissait dans la plus profonde obscurité.

« Ah! sauvez-moi! disait Rosalinde. Il y a en tout ceci je ne sais quel mystère, et si tu n'étais pas là, je sens que je mourrais de peur. »

Comme ils tremblaient ainsi tous deux,

dans les bras l'un de l'autre, la nuit silencieuse accomplissait sa tâche, et peu à peu se perdait dans les espaces bientôt renaissants aux premiers feux de l'aurore. Il était plus que grand jour quand le jeune baron quitta sa maîtresse, avec cet ineffable orgueil que donnent aux jeunes cœurs les premières faveurs de l'amour.

C'est donc vrai, se disait-il, que j'aime et que je suis aimé? C'est donc vrai qu'elle va sourire à mon retour, et qu'elle pleure à mon départ?

Mais que faisons-nous là, de vous répéter ces frais cantiques du matin de l'année et du matin de la vie? C'est toujours le même *hosanna* au plus haut des cieux; la rêverie est la même au milieu des vastes campagnes, emperlées de la douce rosée. Et toujours l'oiseau chante à l'amoureux la même chanson : « Tu fais bien d'aimer, jeune homme! » Et toujours il advient que l'étoile, en disparaissant, raconte à la montagne enchantée les bonheurs de

Daphnis, et la montagne aussitôt le redit à la plaine, et la plaine au vallon, le vallon au blé naissant, le blé à la haie, et la haie au fossé, le fossé au ruisseau, le ruisseau le murmure au fleuve à la grande voix, qui va le redire à l'océan.

Dans ce chœur universel de tous les contentements, marchait le baron de Vivès, fier et superbe. Et pourtant il y avait déjà un nuage au milieu de sa joie, un doute au fond de son âme, un remords dans son cœur. Voici d'où venait ce doute, et d'où venait ce premier soupçon. Quand il eut traversé le jardin, gagné la campagne, et qu'il voulut lui-même, de ses propres yeux, s'assurer de son bonheur, il jeta les yeux sur sa main droite, espérant que l'opale, en ce moment, serait flamboyante autant que le soleil était radieux.

« Malheureux, j'ai donné ma bague.... Elle me l'a prise, et m'a fait oublier le serment que j'ai fait à la fée. Ah! ma fée! Et qui désormais me va donner les sages conseils, qui me rendra l'espérance et la force, et le sentiment du devoir ? »

Ainsi songeant, il était en grande peine, et pourtant, des amoureux plus habiles et moins amoureux que lui, n'auraient pas fait une meilleure défense. Il allait quitter Rosalinde, ils venaient de se jurer un amour éternel.— Tant que tu le voudras, je t'aimerai, disait-elle. — Et moi, je veux t'aimer toute ma vie! Alors elle vit briller au doigt du jeune homme la douce opale, et, fille d'Ève, amoureuse de ce qui brille, et jalouse de ce qui pouvait être un gage amoureux, rassurée aussi par le peu de valeur de ce bijou qui ne valait pas un de ses sourires, tentée enfin parce que le jeune homme mettait peu d'empressement à lui offrir cet anneau.... A tout serment, dit Rosalinde, il faut un gage, et je tiens à celui-là! Puis, moitié force et moitié gré, suppliante et menaçante, avec ces beautés que laisse entrevoir le réveil, elle avait pris la bague et l'avait passée à son doigt.

« C'est pour moi qu'elle est faite, et je la garde, et si tu m'es fidèle, elle me parlera de ta constance, et si tu m'abandonnes, elle me rappellera nos amours. Voilà comme il avait été dépouillé de ce précieux témoin des actions de sa vie.

Il pleura d'abord, mais il se rassura bien vite, et naturellement, il se rassura par une injustice.

Au fait, cette bague, elle ne lui avait causé que des peines ; elle l'avait empêché de profiter des faveurs de la fortune, un soir que la fortune lui avait mis les cartes à la main ; elle lui avait valu un grand coup d'épée, une fois qu'il avait voulu protéger l'honneur de la magistrature. Il n'y a pas trois jours encore, avec un mensonge, un seul, il possédait la plus belle personne de la contrée : Olympe était à lui.... Le talisman avait brisé cette espérance, et maintenant qu'il l'avait donné à sa maîtresse, et que la belle en était heureuse, il se sentait libre il était joyeux, léger, content.

Plus d'obstacle au milieu de ces rêves, où se débattait sa destinée! Ainsi rêvant tout éveillé, il arriva aux portes d'un grand château qu'il reconnut enfin pour le château des Aigues-Vives.

Chose étrange! à cette heure avancée de la matinée, les portes étaient fermées; au fond de la cour étaient rassemblés plusieurs hommes, armés de marteaux, qui semblaient disputer entre eux. Toutes ces voix parlaient dans le vide; mais à l'action véhémente des interlocuteurs, il était évident que la maison n'était plus dans son calme habituel.

Il y avait sans nul doute un dérangement sérieux dans ces demeures, dont les matinées étaient si calmes, le midi si paisible, et les soirs si remplis de rêveries innocentes, de longues méditations.

XIII

La première question du jeune homme fut de savoir pourquoi donc ces hommes, pourquoi ces marteaux, et ce que l'on discutait là-bas ?

« Monseigneur, lui dit Pierre le cocher d'un regard attristé, nous avons reçu, ce matin même un ordre de Mme votre grand'mère. Elle veut que nous brisions son carrosse en mille pièces, et les gens de la maison n'étant pas disposés à ce meurtre, on a fait venir de la prochaine usine, les forgerons que vous voyez. »

A ces mots, on eût vu pâlir M. de Vivès.

Et pourquoi, reprit-il, Mme notre mère a-t-elle condamné cet innocent carrosse ?

« Hélas ! monseigneur, répondit le cocher, madame a su que nous avions reconduit hier une comédienne, et elle a juré ses grands dieux qu'elle ne remonterait plus dans cette voiture déshonorée.

— Il faut donc, monsieur Pierre, que l'un de vous m'ait dénoncé ? Misérables valets ! Cela me rappelle que vous avez manqué de blesser une jeune femme qui vous faisait l'aumône d'un louis !

— Que monseigneur me pardonne, mais pas un de nous ici n'est homme à dénoncer son maître, en même temps pas un de nous n'est homme à prendre un argent si mal gagné. Notre carrosse, et je le pleure, il n'avait pas son pareil dans tous les châteaux d'alentour, s'est dénoncé lui-même. Elle avait oublié sur nos coussins, cette dame, un mouchoir en dentelle, et notre maîtresse, à qui Jeannette l'avait rapporté, a tout deviné en voyant ce chiffon qui nous avait infectés d'ambre. Alors madame a déchiré le mouchoir, elle a condamné le carrosse, et maintenant c'est à qui de nous ne portera pas le premier coup.... Si monsieur voulait intercéder, il nous délivrerait d'une tâche pénible, et vous feriez des gens bien heureux. »

Le jeune homme en ce moment comprit la douleur de sa grand'mère, en se rappelant la haine et la profonde horreur de ces femmes chrétiennes pour l'exercice et la profession de la comédie. Il en revint à l'excommunication majeure dont ces malheureux et ces malheureuses étaient frappés. A coup sûr, aux yeux de la dame châtelaine, son carrosse était souillé; cet arrêt était juste.

En même temps il se rappelait que depuis un demi-siècle ce carrosse était le légitime orgueil des barons et des baronnes de Vivès; il avait été acheté par feu M. Jacques de Vivès à la vente, après décès, du dernier gouverneur de Grenoble, on ne le tirait des remises, qu'aux grands jours, pour l'accomplissement des belles cérémonies, en grande livrée, et parfois à quatre chevaux. Que cet ordre avait dû coûter à la douairière, comme son cœur superbe avait saigné lorsqu'elle commandait cet anéantissement nécessaire d'un si antique et si noble ouvrage !

En ces débats cruels avec sa conscience et sa passion, le coupable était prêt à demander au moins un sursis, à proposer que l'on se contentât de brûler les coussins de la voiture et d'en changer le velours ; même, au besoin, on la ferait peindre et dorer tout à neuf.... Telles étaient ses sages réflexions, mais bientôt ce jeune homme amoureux de sa maîtresse, et dans l'enivrement de sa passion, se révoltait contre ce qu'il appelait une injustice, une cruauté sans excuse. Il se demandait si vraiment la présence de ce bel objet sur ces vieux coussins, avait déshonoré ce velours antique ? — Ah ! disait-il à Rosalinde absente, ma chère âme et mon tendre amour, voilà donc comme on vous traite ici, chez moi.... chez vous ? Mes valets vous insultent, ma grand'mère, avec cet ordre affreux, vous déshonore. On l'a déchiré ce mouchoir que vous portiez dans ce rôle d'amoureuse, un mouchoir de fée et de princesse, et je souffrirais, moi, pour qui vous l'avez oublié, que l'on vous en dépouillât, sans me plaindre ?... Plus il marchait dans cette voie, et plus grandissait sa colère. Enfin, se retournant vers ses gens ébaubis, qui le regardaient sans rien comprendre : « Obéissez! dit-il, brisez cette machine; » et comme ils hésitaient encore, il souleva dans un coin de la cour un coutre de charrue, et, d'une main violente, il l'enfonça dans les panneaux armoriés. Pierre s'en voila la face, le carrosse en poussa un long gémissement; les forgerons, à coups de marteaux, suivirent l'exemple. On entendait les coups redoublés tomber dru comme grêle, sur ce monument des magnificences d'autrefois.

Les roues, l'essieu, les ressorts, le brancard, les champignons, la galerie, et les glaces bizautées à Venise, en un quart d'heure tout fut en pièces, lambeaux, poussière, et du plus beau carrosse de la contrée, à peine il resta un débris. Le château tout entier retentissait de ces bruits funestes, et le jeune homme, enfoui dans sa chambre, était assez semblable au criminel qui entend, sous ses fenêtres, le bruit de l'échafaud que l'on dresse. Il disait tour à tour, en contenant ses sanglots : « O ma grand'-mère!... ô ma chère maîtresse! »

Il passait par toutes les transes de l'amour, du regret, de la honte et de l'orgueil, de la pitié filiale et du remords.

Dans ce cruel combat, le bruit ayant cessé, accourut, calme et souriant, le chevalier des Aubiers. Vous vous rappelez que la veille, au moment de l'orage, il avait repris le chemin de son castel ; ce matin, il revenait juste à l'heure de la grande exécution. Celui-là n'était pas homme à s'inquiéter d'une machine vermoulue, et des vengeances innocentes d'une douairière.

— Henri, dit-il, est-ce que, par hasard,

vous ne seriez pas content que la mauvaise humeur de votre grand'mère vous ait délivré du ridicule et de l'ennui de monter dans ce vieux bahut, et voudriez-vous traverser une seconde fois les moqueries d'hier, quand on nous a vus avec ce grand bruit de ferraille enfiler la grande rue, et nous arrêter à la porte de la Comédie?...

Un jour ou l'autre, il fût advenu que ce véhicule extravagant, qui date au moins du temps de Henri IV et de la belle Gabrielle, eût craqué à la première ornière, et Mme la douairière eût bien été forcée alors d'y renoncer. Vous en serez quitte pour lui commander un de ces petits chariots si légers comme on commence à en introduire ici, et votre mère en sera contente. Allons cependant, quand vous serez habillé, offrir nos civilités à la dame de céans; puis, mon cher ami, je vous ferai mes compliments sincères de votre heureuse fortune. Laissez-les dire, je m'y connais : bien peu de gens commencent comme vous avez commencé.

Vive Dieu!... Vous êtes venu, vous avez vu.... vous avez dompté la coquette. Elle n'a pas résisté plus d'une heure, et sans condition, elle s'est donnée à votre jeunesse, avec toute sa grâce et tout son charme, et ce bel esprit qu'elle dépense en l'honneur des grands poëtes de notre nation. Henri, je vous envie, et je suis content de vous; voilà ce qui s'appelle une conquête; je l'ai bien regardée.... elle est belle; et bien écoutée.... elle est ravissante. Votre oncle Antoine, un vrai César dans les annales de la galanterie provinciale, n'a jamais possédé rien qui vaille, à beaucoup près, cette Rosalinde aux yeux pers.

A chaque mot qu'il disait, le chevalier des Aubiers voyait grandir l'orgueil du jeune homme. Or, ceux qui ont été amoureux, surtout ceux qui le sont encore, savent très-bien que l'orgueil et la vanité, sa sœur, sont les deux plus fidèles compagnons de l'amour. Henri s'habillait, se peignait, se parait, chantonnant le refrain d'un cantique, et quand il s'en vint, leste et pimpant, offrir sa joue aux baisers de son aïeule, il avait tant de joie à son front et dans son cœur, que la vieille dame oublia de le gronder. Au fait, sa vengeance était satisfaite; et puis, se disait-elle, au bout du compte, il est son maître. Enfin, ne faut-il pas que jeunesse ait son cours, et mille autres raisonnements des vieillesses les plus féroces, quand la jeunesse est là qui leur sourit et qui les regarde avec ses deux grands yeux remplis des plus ravissantes lueurs.

« Es-tu content? Te voilà pardonné, reprit des Aubiers, te voilà roi, mon camarade, et tant pis pour le vieux carrosse, et pour éviter toute gronderie, allons promener ton bonheur, à pied, dans les champs. Je le vois bien ; déjà tu regardes l'heure à la muraille, et tu trouves que l'ombre, au cadran solaire, est en retard. Non, non, ce n'est pas l'heure encore de frapper à sa porte. *Elle* dort, elle songe à toi, elle étudie, elle se pare, elle se dit tour à tour : « Il est bien jeune, il est un peu niais, « j'en ferai quelque chose. » Elle te loue, et te blâme; elle t'éloigne et te rappelle. Attendons son caprice, et cependant, pour lui témoigner que tu n'as pas oublié ses bonnes grâces, remplis toi-même une corbeille de ces belles fleurs de l'arrière-saison, tant que la corbeille en peut contenir. Une petite bourse de cent pistoles, ou mieux encore, un fil de perles de mille écus ne feraient pas mal, je le sais bien, et l'oncle Antoine, à ta place, eût tout au moins déposé entre deux marguerites, une montre, une épingle, un bijou. Antoine de Vivès était un rustre et un sage; il savait ce que parler veut dire, et nous suivrons son exemple, un peu plus tard. Il me semble aujourd'hui que l'on peut se tirer d'affaire avec un sonnet. Le sonnet! c'est économique. On a vu bien des bergers venir à bout de leur bergère avec un sonnet. »

Cela se faisait surtout du temps que la reine Berthe filait; cela ne se fait plus guère aujourd'hui; mais bah! en province, au bout du monde!...

Et comme Henri, se frappant le front, cherchait quelque rime amoureuse :

« Ma foi! dit le chevalier, tu n'en finirais pas; heureusement que j'ai gardé dans le fond de mon cerveau un vieux sacripant de sonnet qui m'a bien servi, quand j'étais dans les mousquetaires. »

Et le chevalier se mit à dicter à son jeune cousin, non pas un sonnet, comme il l'appelait, mais une façon d'ode amoureuse que tous les jeunes marquis de Versailles adressaient à leurs Cidalises; ils la savaient par cœur et l'auraient dictée en se regardant à la glace, en se tenant sur un pied :

>Faible cœur si facile à prendre
>Mon cœur adore ta prison,
>Et n'écoute plus la raison
>Qui fait mine de te défendre;
>Accepte une si douce loi!
>Voir Amynte et rester à soi

Sont deux choses incompatibles ;
Devant une telle beauté
C'est à faire à des insensibles
De conserver leur liberté.

Regards brillants, clartés divines,
Qui m'avez tellement surpris ;
OEillades qui sur les esprits
Exercez si bien vos rapines ;
Tyrans secrets, auteurs puissants,
D'un esclavage où je consens ;
Chers ennemis de ma franchise
Beaux yeux, mes aimables vainqueurs,
Dites-moi qui vous autorise
A dérober ainsi les cœurs !

Que ce larcin m'est favorable !
Que j'ai sujet d'appréhender,
La conjurant de le garder,
Qu'elle me soit inexorable !
Amour, si jamais ses dédains,
La portent à ce que je crains,
Fais qu'elle se puisse méprendre ;
Et qu'aveuglée, au lieu du mien
Qu'elle aura dessein de me rendre
Amynte me donne le sien !

Et poésie et fleurs déposées dans la même corbeille, furent portées à Rosalinde par un jeune gars du château qui commençait à s'éveiller aux choses de l'amour. Celui-là, du moins, n'avait pas les préjugés de MM. Joseph, Pierre et Justin; au contraire, il ne rêvait que de ces belles commissions : porter des billets doux et des fleurs à une belle personne en ses habits du matin, qui vous dit de sa douce voix :

« Mon ami, bonjour à ton maître, et voici pour boire à ma santé ! »

Ce devoir accompli, le chevalier et le baron se promenèrent dans la campagne, et justement, ils passèrent devant certaine métairie, où Durbec, l'amateur de spectacle à bon marché, Durbec le propriétaire de la *maison blanche*, allait chaque matin assister au travail de ses laboureurs. Le vieillard.... (pas si vieux qu'il ne fût encore énergique et vigoureux comme un homme de cinquante ans) se tenait assis sur un banc voisin de la route, et réparait un outil de jardinage. Il vit passer les deux amis, sans trop d'empressement à le saluer, mais le chevalier dit tout bas au baron :

« S'il vous salue, il faut rendre à cet homme un beau salut, tantôt je vous dirai pourquoi. »

L'homme en effet salua, et voyant qu'il recevait deux coups de chapeau pour un, il s'enhardit à prier ces messieurs de lui faire l'honneur de goûter de son vin. Henri passait son chemin sans répondre à une invitation que la veille encore il eût regardée comme une impertinence; mais des Aubiers, plus prévoyant et plus sage :

« Ami Durbec, dit-il, nous ne refusons pas de trinquer avec vous; déjà le soleil pointe et pique, un coup de bon vin ne fait pas de tort à celui qui l'offre, et fait grand plaisir à celui qui l'accepte.... » Et sans plus de façon, il prit place à la table rustique de l'usurier, Henri l'imitant, non pas sans un grain assez visible de mauvaise humeur.

Quand ils eurent bu et trinqué (Dieu merci ! personne en ce moment ne vit le descendant des Vivès choquer son verre avec celui d'un tel vassal), le chevalier des Aubiers loua beaucoup le domaine et la maison, le vignoble et le pressoir.

Le cheval même, une haridelle qui cherchait sa vie au bord du fossé, obtint une honorable mention. Bientôt le sujet de la campagne étant épuisé, on parla de la ville, et de la ville on en vint au théâtre, et du théâtre à Rosalinde. A ce nom charmant, Henri pâlissait comme un innocent de la veille, à ce nom charmant, l'usurier ricanait :

« Elles ne sont pas faites, ces princesses, pour des gens tels que moi, disait-il, ce sont de vrais morceaux de roi, et c'est dommage, on s'en accommoderait peu ou prou. »

Il allait continuer sur ce ton, non pas sans danger pour lui-même, quand des Aubiers le toucha du coude, avec un petit regard mystérieux qui disait : *ça brûle !* Alors l'usurier de répondre en clignant de l'œil : *déjà !* On eût dit que cette révélation le mettait à son aise, et le faisait très-content, car il se mit à rire, à babiller, comme avec ses égaux, des Aubiers lui tenant tête, et parfois Henri lui répondant. A la fin, prenant congé de leur hôte :

« Encore un mot, dit l'usurier au jeune homme, en le regardant fixement; monsieur le baron, j'entendais l'autre jour un enfant qui récitait cette fable :

On a souvent besoin d'un plus petit que soi !

N'oubliez pas la fable, et tout grand seigneur que vous êtes, propriétaire d'un si grand château, et de si beaux vignobles, peut-être serez-vous heureux de rencontrer quelque jour, à vos ordres, le bonhomme Durbec.

— Êtes-vous fou, chevalier, dit Henri, quand ils se furent éloignés d'une vingtaine de pas, de me mêler avec cette espèce, et que diable voulez-vous que j'aie à faire avec le *bonhomme* Durbec?

— Monsieur le baron, reprit des Aubiers, je vais vous donner un bon conseil, et vous m'en remercierez avant peu.

« C'est beau et bon d'être amoureux, qui le nie? Il n'y a rien de plus charmant que d'être aimé d'une Rosalinde, on en convient; mais la Rosalinde et les autres, voire une dame de qualité, quand elles ont l'honneur d'agréer l'oncle Antoine, ou son beau neveu le baron de Vivès, ne se contentent pas longtemps d'un sonnet et d'un bouquet. C'est bon pour une fois, la première, et pour cette fois-là seulement on ferait accepter une boîte en similor, où brillent les chiffres de la demoiselle et du cavalier, dans un cœur enflammé percé d'une flèche. Au contraire, plus elle est amoureuse et constante et fidèle, et plus la dame est exposée à la douce nécessité d'être belle et parée. Avant peu, demain sans doute, aujourd'hui peut-être, en vous disant : « Henri, je vous aime! » On vous dira : « Je suis pauvre! »

et que répondrez-vous à Rosalinde, vous redemandant son mouchoir?

Et toi, fatal bandeau, malheureux diadème,
Instrument et témoin de toutes mes douleurs,
Bandeau que si souvent j'arrosai de mes pleurs.

« Comme il est écrit dans la tragédie de M. Racine, trésorier de France. A coup sûr vous le rendrez ce mouchoir, vous en rendrez même une douzaine, car c'est l'usage. On se marie, et quand bien même il ne s'agirait que d'un mariage à l'année, il faut une dot, un trousseau, un écrin, en un mot, de quoi se mettre en ménage. Hé! si vous ne savez pas cela déjà, monsieur le plus que fiancé, vous ignorez l'A B C de l'amour. On épouserait une innocente, une ingénue, il ne serait pas nécessaire absolument de se ruiner en broderies, en pierreries, en souliers couleur de feu brodés d'argent, mais une comédienne est deux fois une femme; elle appartient au monde, elle appartient au théâtre; et pendant que ces dames de la cour sont bien forcées de se contenter de la mode et des grâces du grand appartement; il n'est pas de costume et d'habit, de mascarade et de ballets, de comédie et de divertissements, de ceintures et d'inventions, qui ne servent aux Rosalindes.

Il y va de leur gloire; c'est l'essence de leur profession. Elles ont, même en rêve, des ambitions qu'il faut satisfaire. Une fois que l'oncle Antoine était dans les liens d'une baladine, elle lui dit en façon de réveil-matin, comme elle était en train de chausser sa pantoufle : « J'ai rêvé, mon-
« sieur, que j'habitais un appartement dé-
« licieux; rien que dans ma chambre, il y
« avait un lit de damas de trois couleurs,
« une tapisserie représentant les amours
« d'Angélique et Médor, et des sofas as-
« sortis à ce lit superbe. En mon rêve, on
« voyait par toute la maison des trumeaux
« éblouissants de dorure, et des cabinets de
« Boule, des porcelaines du Japon, des
« magots de la Chine les plus jolis du

« monde ; enfin sur ma toilette, les bou-
« cles d'oreilles les plus brillantes, des
« carcans de pierreries, et toute une ri-
« vière qui n'en finissait pas. »

« Tels sont les rêves dorés et tout éveillés de ces dames. Il faut y répondre. Comprenez-vous cela, monsieur le baron ? Et si vous le comprenez, doutez-vous maintenant que vous ayez bien fait de trinquer avec le bonhomme Durbec ? Il est le seul homme en ce moment qui soit en argent comptant dans toute la contrée, et peut-être aussi dans toute la province. Il pompe, il aspire à lui seul : pistoles, ducats, écus de six livres, petits écus, écus d'or au soleil, tout l'argent d'alentour. De plus gros messieurs que les Vivès, bien logés, bien nourris, en pleine abondance, et seigneurs de deux ou trois belles terres, auraient peine à trouver un millier d'écus dans leurs coffres. — Tel, qui se promène avec la croix de Saint-Louis sur sa poitrine, et dans la main droite une canne à pomme d'or, n'a pas six livres tournois dans sa poche.

« Oui-da, baron, nous sommes fiers et pauvres, et c'est à qui parmi nous sera plus gueux et glorieux que son voisin. Mais aussi les sages, les prudents, les bourgeois se garent comme le feu de ces belles amours; dans leur jeunesse, ils se hâtent de soupirer, une fois pour toutes, auprès de quelque voisine en belle humeur, pour n'avoir pas à y retourner de sitôt. Croyez-moi donc, si vous voulez aller jusqu'au bout de la belle galanterie, ayez soin de plaire au bonhomme Durbec, et de pénétrer dans la citadelle de sa confiance. Il n'a qu'un petit bien, comparé à vos vastes domaines.... Il a ce qu'il vous manque, un coffre-fort. Et puisqu'enfin vous voilà lancé dans l'Océan des bonnes fortunes qui font le plus grand honneur aux honnêtes gens qui les obtiennent, je ne pense pas que votre intention, ayant les bénéfices, soit de vous refuser aux charges qu'ils entraînent.... »

Le chevalier disait cela d'un ton moitié badin, moitié sérieux; notre amoureux l'approuvant et se taisant. Jusqu'à cette heure, il avait toujours été trop riche, et n'avait jamais vu la fin de son argent. Tout d'un coup il devenait pauvre....

Il n'y avait certes pas de quoi rire, et le plus sage, avant peu, conviendra qu'il n'y avait plus à reculer.

XIV

'IL est vrai que tout chemin mène à Rome, à plus forte raison tout chemin ramène un amoureux à ses amours. Par les plus longs sentiers ils arrivèrent à l'extrémité de la petite ville, et sur la muraille du théâtre, ils furent étonnés de trouver, l'une à côté de l'autre apposées, deux affiches : l'affiche accoutumée annonçant le spectacle du soir, puis un placard à la main, dont voici le texte ou peu s'en faut : « M. le colonel et MM. les officiers du régiment de Royal-Dauphinois arrivant dans cette ville, avant qu'il soit une semaine ont arrêté ce qui suit :

« Attendu que, depuis tantôt huit jours, les bourgeois et manants de cette ville ont joui tout à leur aise et librement des talents et de la beauté de Mlle Rosalinde et de ses compagnes, le théâtre est fermé à MM. les bourgeois des Aigues-Vives, MM. du Royal-Dauphinois se réservant de les inviter, selon leur bon plaisir.

« Attendu que Mmes les citadines passent à bon droit pour être belles, accortes et d'agréable humeur, M. le colonel et MM. les officiers du Royal-Dauphinois invitent ces dames à toutes les représentations suivantes, dont ils se réservent de faire à l'avenir les honneurs et tous les frais. » La pancarte était signée en grosses lettres, par M. le marquis de Sassenage, l'un des deux premiers barons du Dauphiné, et ses dignes officiers : MM. de Saint-André-Virieu, de Boissieu, de Cochefilet, de Vauvineux, allié de l'illustre maison de Rohan. Ils n'avaient pas soixante ans à eux trois ; ils avaient à eux trois plus de cent mille livres de rente. Le colonel était le propriétaire de son régiment; aux capitaines, appartenait leur compagnie. Ils étaient dans toute la joie et dans tout l'orgueil d'une grande naissance et d'un vaste avenir. Ils marchaient à petites journées, et, comme enfin, leur tyrannie était de bon goût et ne faisait de mal à personne, on la supportait volontiers, et si quelqu'un se plaignait à leurs chefs de ces officiers turbulents, ils en étaient quittes pour quelques jours de citadelle.... et la citadelle était assiégée aussitôt par toutes les dames.

Cette belle pancarte, apportée et posée là par un maréchal des logis, avait suffi pour mettre en rumeur toute la ville, et c'était déjà à qui ornerait sa maison, pour recevoir dignement ces jeunes seigneurs.... En même temps, Dieu sait le caquetage et le secret contentement des dames, avec le murmure des bourgeois et manants de la petite ville, ainsi mise à l'*index* du Royal-Dragon.

« Je connais ce marquis de Sassenage, disait le baron à des Aubiers ; nous avons fait ensemble notre académie, ensemble aussi nous étions chez les jésuites ; c'est mon camarade, et le voilà déjà colonel !

— Certes, la concurrence est terrible, et nous aurons fort affaire à lutter contre un pareil seigneur. Avais-je assez raison de proclamer la nécessité du père Durbec ? reprenait des Aubiers.

— Sur mon honneur, dit le jeune homme en rougissant un peu, je ne vois pas encore ce qu'il y a de commun entre le marquis de Sassenage et M. Durbec, et comment et pourquoi il peut se faire que, le marquis de Sassenage étant ici, le baron de Vivès ait un plus grand besoin des offres de l'usurier ?

— Si vous ne voyez pas le pourquoi de toutes ces choses, mon cher cousin, c'est que vraiment vous ne les voulez pas voir.

Comment donc, un des plus beaux régiments du roi, commandé par quatre seigneurs du Dauphiné, arrive ici même où respire une coquette ayant nom Rosalinde.

Le premier soin de messieurs les coqs-plumets est de déclarer, à haute et intelligible voix, qu'ils s'emparent de la ville et du théâtre. Avant huit jours d'ici, le théâtre appartiendra sans conteste à MM. de Sassenage, de Virieu et de Cochefilet.

« Ils en feront les honneurs, ils arrêteront le spectacle; on affichera : « Par or« dre, *les comédiens ordinaires du Royal-*
« *Dauphinois....* » nous autres, cependant les habitants, les propriétaires, nous voilà chassés de notre hôtel de Bourgogne. En même temps, doutez-vous, monsieur l'amoureux, que ces jeunes seigneurs, à l'exemple de nos seigneurs les gentilshommes de la chambre du roi, prennent tout de suite entière autorité sur Mmes les comédiennes ? Non, vous ne l'espérez pas. Eh bien, votre position étant donnée, et

votre amour, que disons-nous ? votre amour-propre étant à sauvegarder, comptez-vous donc vous tirer d'affaire avec dona Rosalinde et ces capitaines amoureux, par des corbeilles de coquelicots ? Croyez-moi, cousin, voilà le vrai conseil : ne luttez pas, cédez la place, et prétextez un voyage.... »
Et comme Henri, furieux, allait répondre : « Ou bien s'il vous plaît de lutter à armes courtoises avec de pareils rivaux (et je suis de votre avis, votre gloire en dépend), posez-vous franchement, comme étant possesseur de la Rosalinde. Ouvrez à la belle un large crédit, afin que ces messieurs viennent chez elle en gentilshommes que l'on présente, et non pas en conquérants qui s'imposent.

C'est celui d'un coup de baguette, il faut changer en palais la *maison blanche*, et ma foi ! le beau malheur, si vous y mangez vos prairies, vos domaines, vos vignobles ; au moins aurez-vous tenu tête au Royal-Dauphinois, au marquis de Sassenage, à toute la bande. Ils ont pris le théâtre, éh bien, gardez Rosalinde. Ah! vous pouvez vous vanter d'avoir rencontré tout de suite une grande victoire à gagner. »

Comme ils parlaient ainsi, Durbec rentrait dans la ville, au trot naïf de son petit cheval; il avait appris, chemin faisant, la grande nouvelle, et avec le coup d'œil de l'homme d'affaires, il avait compris qu'il y avait là quelque chose à gagner. Cette fois, ce fut le baron qui salua le premier.

« Vous savez, lui dit-il, monsieur Durbec, le grand événement?

— Je viens de l'apprendre, reprit Durbec en portant la main à son chapeau, et je vous répète, monsieur, que mon coffre et moi nous sommes à vos ordres. »

Qui eût regardé l'usurier en ce moment, eût deviné que cet homme obéissait à deux grands démons : l'avarice et la vengeance. Ah! le mauvais rire, et le féroce coup d'œil !

« Chevalier, venez-vous avec moi chez Rosalinde ? reprit le jeune baron.

— Allez tout seul, monsieur l'amoureux, je vous assure, à cette heure, que vous êtes impatiemment attendu. »

Ils se séparèrent, et comme le baron tournait l'angle obscur que faisait la *maison blanche*, à l'extrémité de la rue, il entendit au rez-de-chaussée d'une salle basse, assez mal éclairée, qui prenait jour sur la rue (une vigne arrêtait de ses branches verdoyantes le rayon qui venait des fenêtres) son nom prononcé à plusieurs reprises, et déjà très-ému de ce qu'il venait d'entendre, et pressentant je ne sais quel danger, voulant d'ailleurs préparer sa visite à Rosalinde, il se reposa sur un banc de pierre adossé à la muraille.

Cette fois, et distinctement, il entendit les voix qui parlaient du baron, de Rosalinde et du carrosse brisé. En même temps, il reconnut d'un coup d'œil les divers interlocuteurs assis autour d'une table, et buvant le petit vin blanc du pays à tire-larigot. La futaille occupait un coin de la salle, et le pot vide, aussitôt se remplissait.

C'étaient nos comédiens, Ragotin en tête, et Mlles les comédiennes, moins Rosalinde et Guillemette, qui faisaient boire et causer le jeune envoyé des amours du baron. Le gars était niais et fin, novice et beau parleur. La nouveauté de son message et le bon accueil qu'il avait reçu de la belle, avaient rempli sa tête de folles visions ; le vin commençait à la remplir de fumée. A l'office, où l'avait envoyé Rosalinde avec un vrai geste de marquise, il avait trouvé le maréchal des logis du marquis de Sassenage, et ce brave à trois poils, au plumet hérissé comme sa crinière, non moins que les comédiens et les comédiennes, avait entrepris le siége en forme de ce bon garçon.

« Mon ami, disait Ragotin, si tu veux m'en croire, avec ce visage à la Lauzun et cette taille élégante, ce beau rire et ces grands yeux, tu ne saurais mieux faire que de t'engager dans notre illustre compagnie; on te donnera les rôles d'amoureux champêtres, on t'habillera en berger Céladon, et tu diras tout à l'aise à Rosalinde : « Aimez-« moi, Tatigué, mademoiselle Rosalinde! » Et par-ci, par-là, tu attraperas de petits soufflets sur la joue, et des coups de pied quelque part. Seras-tu drôle en amoureux! et les dames vont-elles assez raffoler de toi! Demande à Lisette que voici? »

Lisette, en se rengorgeant, jetait un regard tendre à ce rustique animal qui la regardait comme un mouton regarde une rose.

« Halte-là ! mon maître, reprenait le maréchal des logis, y penses-tu ? Avec cette large poitrine et ces deux poings qui assommeraient un bœuf ; courageux, mon gaillard, comme tu l'es, n'avoir pas d'autre profession que d'abuser le petit monde et de bayer aux cornettes des Rosalindes ! Non, non, mon brave, il te faut l'uniforme, il te faut la gloire ; et tambour battant, ce ne sont pas des filles que tu prendras ; morbleu, tu prendras des villes, des citadelles, et le général ennemi. Voilà ta fortune, et si tu le veux.... Mais non, tu n'auras jamais assez de cœur ! »

A chaque parole, à chaque promesse, il versait à boire à ce rustre, et le malheureux, à moitié gris, buvait en riant, riait en buvant. A ce noble auditoire, il racontait les mystères du château des Aigues-Vives ; il se moquait de son jeune maître, qu'il appelait le beau ténébreux. Il se vantait d'avoir été choisi l'un des premiers à tomber sur le beau carrosse :

Où tant d'or se relève en bosse,

ajoutait Ragotin.

« Ah ! que c'était amusant, reprenait le rustique, et tout ça parce que Mme la comédienne s'était assise un instant sur nos coussins !

— Quelle horreur ! reprenait Ragotin, et comme il vous fait un récit, ce gaillard-là. Fais-toi comédien, fais-toi comédien !

— Quelle poigne il vous a, reprenait l'embaucheur, et comme il vous a lestement troussé ce vieux carrosse ! Ah ! le héros, le conquérant ! Turenne et Condé n'ont pas mieux commencé. Fais-toi soldat, mon général ! Je te donne à l'instant dix écus-patagons que voilà ; avec ces dix écus, tu invites à dîner Mlle Lisette et M. Ragotin, et toute la troupe ici présente, et moi-même, et vive le roi ! Sais-tu signer ton nom ?

— Si je le sais ! reprenait notre ivrogne. On sait lire, on sait écrire. Apporte ici ton papier, tes dix écus ; ouvre à l'instant ton carnet, et tu verras si je caponne et si je sais écrire. »

A ces mots, le baron comprenant dans quel guêpier était tombé son fidèle Achate, allait crier pour l'avertir, mais cet imprudent garçon se mit, je ne sais pourquoi, à se moquer de la douairière, sa maîtresse; il disait en la contrefaisant :

« Donne-moi la plume, Henri ; conduis ma main, Henri ! »

Il branlait la tête, il faisait sa voix chevrotante.

« Ah! misérable! Eh bien! signe et sois soldat ! » s'écriait Henri, en se levant de son banc.

Un bruit d'argent, de grands éclats de rire et des embrassades à n'en pas finir, attestèrent que le roi de France, en ce moment, comptait un soldat de plus. Le baron, très-mécontent de lui-même et des autres : « C'est bien fait, disait-il en montant l'escalier, ça t'apprendra, monsieur le maraud, à te moquer de ta maîtresse et de ton maître !... Et pourtant, voilà un pauvre innocent, libre encore ce matin dans nos campagnes, qui s'est perdu tout à fait, pour avoir, pendant une heure, hanté cette triste maison. Son histoire est la mienne, et moi aussi je suis ivre, et je me perds. »

Pendant que le baron entrait chez sa maîtresse, le racoleur, très-content de sa journée, affichait sur la porte même de la *maison blanche* la pancarte que voici, en chantant la chanson du Royal-Dauphinois :

> Si la hallebarde
> Je peux mériter,
> Près du corps de garde
> Je la fais planter ;
> Ayant la dentelle,
> Le soulier brodé,
> La blouque à l'oreille
> Le chignon cardé.

On a retrouvé, de nos jours, dans les archives du ministère de la guerre, la pancarte que le Royal-Dauphinois avait empruntée au régiment de la Fère. MM. les racoleurs n'y regardaient pas de si près :

A LA BELLE JEUNESSE.

ARTILLERIE DE FRANCE

(CORPS ROYAL)

RÉGIMENT DE LA FÈRE, COMPAGNIE DE RICHOUFFTZ

De par le Roy.

« Ceux qui voudront prendre parti dans le Corps Royal de l'Artillerie, Régiment de la Fère, Compagnie *De Richoufftz*, sont avertis que ce Régiment est celui des Picards, l'on y danse trois fois par semaine, on y joue aux Battoirs deux fois, et le reste du temps est employé aux Quilles, aux Barres, à faire des Armes. Les plaisirs y règnent; tous les Soldats ont la haute paye, bien récompensés, des places de Gardes d'Artillerie, d'Officiers de fortune à soixante livres par mois d'appointements.

« Il faut s'adresser à M. *De Richoufftz*, en son Château de Vauchelles, près Noyon en Picardie. Il récompensera ceux qui lui amèneront de beaux hommes. »

Pareilles affiches sont sur la porte.
A Noyon, de l'imprimerie P. Rocher, imprimeur de la ville.

Sitôt que notre jeune baron eut poussé la porte de la chambre où régnait Rosalinde, il trouva la dame en plein triomphe, en pleine épouvante. Elle tenait à la main, toute grande ouverte, en guise de lettre, une déclaration que lui avait écrite le marquis de Sassenage, et qu'il avait envoyée, ornée de rubans à ses armes, par le susdit maréchal des logis recruteur.

A LA BELLE DES BELLES, A ROSALINDE.

« On apprend par la renommée aux cent bouches, et ce n'est pas assez, l'éloquence et les grands yeux de Rosalinde. On sait qu'elle joue à ravir les rôles les plus divers ; on veut savoir comment elle jouera son rôle d'amoureuse ; on lui mène à choisir une vingtaine de gentilshommes, la fleur des pois du régiment du Royal-Dauphinois, sans excepter, au contraire, en le recommandant aux bonnes volontés de la dame, un humble colonel, qui serait fier de déposer à ses pieds la dragonne de son épée, et la clef de sa cassette. Signé : le colonel marquis de Sassenage. Approuvant l'écriture ci-dessus, les capitaines, etc., etc. »

Pour la quatrième ou cinquième fois, Rosalinde épelait cette intéressante lecture, et des sentiments bien divers se partageaient cette âme ouverte à toutes les impressions. Elle était fière de cet hommage rendu à sa beauté, à son talent, à sa gloire ; elle était inquiète en même temps de ce qu'elle allait faire du triste amoureux qu'elle s'était donné, il n'y avait pas vingt-quatre heures, d'une façon si maladroite. Elle s'en voulait de ce qu'elle appelait : « ses bontés » pour ce petit jeune homme. A ses yeux éblouis flamboyaient les titres et les noms de ces marquis, de ce colonel, de ces capitaines. Elle se voyait déjà la reine de ces spectateurs en grand uniforme, et son regard dédaigneux retombait de ces hauteurs, sur ces fleurettes qu'elle n'avait pas regardées, sur ce billet en vers qu'elle n'avait pas encore ouvert.

Mais quand son baron entra chez elle, tout pensif et charmant, cette aimable princesse et comédienne de vingt-quatre ans à peine, et dans le plus vif éclat des belles années, éprouva, malgré sa résistance, une joie immense à le revoir. Il était sa passion la plus innocente, à tout prendre; elle l'avait aimé tout de suite, et sans aucune espèce de mauvais calcul; elle n'avait jamais rencontré dans ses sentiers de ténèbres, des regards qui se fussent montrés plus touchés de ses charmes, et parmi ces amants qui se présentaient en foule, à l'avance elle était sûre que pas un, autant que celui-là, ne serait attentif à sa parole, heureux de son sourire, obéissant à son ordre, et tremblant de lui déplaire. Aussi bien le jeune homme, à son premier regard, dissipa toutes les ombres de ce front soucieux, pour peu que lui-même il se fût montré joyeux, rassuré et content, l'entrevue eût été des plus aimables; mais notre héros était inquiet; sombre était son regard, brève était sa parole, et la dame hautaine :

« On vous a dit sans doute l'accident qui nous arrive, et vous venez prendre congé. C'est bien fait à vous, monsieur le baron, je vous en sais gré, mais votre billet et vos fleurs suffisaient. »

Ce froid discours, bien qu'il déplût au jeune homme, avait réveillé tout son orgueil.

« Je viens, madame, au nom de vos bontés d'hier, et de vos serments de ce matin, pour vous demander la préférence, ou tout au moins pour que vous ne choisissiez pas, s'en m'entendre, entre moi, votre amant, et le Royal-Dauphinois.

— Monsieur, reprit Rosalinde en battant du pied la mesure sur le carreau de la chambre, on n'a pas le droit de s'appeler l'amant d'une femme telle que moi, parce que, dans une heure d'oisiveté, elle vous aura donné quelques espérances. Nous nous connaissons à peine; vous ignorez qui je suis; depuis tantôt quarante-huit heures que nous nous sommes rencontrés pour la première fois, je n'ai pas songé à demander même le nom que vous portez.

Vous, et moi, nous n'avons pas, que je sache, un reproche à nous faire. Il me semble, au contraire, qu'en nous séparant à l'amiable, nous garderons un bon souvenir l'un de l'autre. Ainsi, soyons sages, brisons cette chaîne d'une heure ; il ne faut pas être un esprit bien clairvoyant pour comprendre, en ce moment, que vous seriez un obstacle à ma fortune, et que, de mon côté, je pourrais nuire à la vôtre.

— O malheureuse, ô femme ingrate ! reprenait le jeune homme, à ce discours, avez-vous donc si peu d'âme et si peu de cœur ? Avez-vous donc oublié vos promesses de la nuit passée ? Ah ! si belle et si peu clémente ! Et moi qui venais pour mettre à vos pieds toute ma fortune, et pour vous dire : « Acceptez, Rosalinde, cet argent « qui ne vaut pas un seul de vos regards ! »

Notez bien qu'il était à genoux devant elle, il baisait sa robe, il baisait ses belles mains, il les meurtrissait de ses témoignages ; il invoquait Rosalinde à la façon d'une divinité propice, et tout de suite, en écoutant sa plainte, elle revint à ses bons sentiments.

« Henri, mon cher enfant, calmez-vous ! Du sang-froid; laissez-vous conduire ! Eh bien, oui, je t'aime, et sitôt qu'ils seront partis, tu reviendras !

— Ce n'est pas ainsi que je l'entends, Rosalinde, et je ne suis pas homme à reculer devant la fortune de ces messieurs, pas plus que devant leur épée. Oui, Rosalinde, je veux être ici déshonoré, si, pour un misérable argent, je renonce à ce que j'aime ; écoutez-moi....

— Y pensez-vous, Henri, dit Rosalinde en levant l'épaule, on voit bien que vous ne savez pas à qui vous parlez. Vous parlez à Phrygné *le Crible ;* à travers ce crible ont passé déjà deux ou trois fortunes, et rien ne m'en est resté, pas plus que l'eau des fontaines dans mes deux mains.... une goutte à ma soif ! Nous autres, les enfants gâtés de la Comédie, il n'y a rien de plus dangereux pour les fils de votre espèce, et sans cesse et sans fin, nous allons selon le caprice et le vent qui souffle, au hasard, de tout à rien.... Telle qui soupait, pas plus tard qu'hier, avec des coques de noix, avalera demain la perle de Cléopatre, et videra la coupe jusqu'à la lie. Ainsi, croyez-moi, Henri, n'en parlons plus; résignons-nous, aimons-nous tout bas, rencontrons-nous sous les chemins couverts, sous les pampres :

Albe vous a choisi, je ne vous connais plus! »

Et la voilà qui se mettait à déclamer, tournant autour de sa chambre, et du revers de sa petite main, essuyant deux larmes qui roulaient dans ses yeux. Il la laissa dire; et quand elle fut calmée, à son tour il reprit :

« Voyons, ma belle tête, on n'est pas si maladroit que vous le pouvez croire; on sait ce qu'on sait, et qu'une dame au cothurne, une dame au brodequin, le pied chaussé et l'autre nu, ne saurait s'endimancher d'une robe en sénardine. Il faut, je le sais bien, à ces dames les reines, la pourpre et l'or; Isabelle en tablier à falbalas, Célimène en velours, Iphigénie en tunique, et Roxelane en turban. Oui, pardieu! Rosalinde est une étoile, et de là-haut, elle est tombée, un instant vêtue à la diable, avec un *surtout* de jeunesse. Eh bien, nous aurons pour Rosalinde un habit d'un brocart brodé d'or, une gorgerette en point de France, un rubis au poignet droit, une topaze au poignet gauche, et deux roses pour les jarretières; et des colliers, des chaînes, des soleils de pierreries, en veux-tu, en voilà! Et comme il faut une cage à cet oiseau rare et charmant, qui nous empêche aussi de décorer cette maison, comme un palais génois? — Laisse-moi faire, ô ma beauté!... Avant qu'il soit huit jours, ta cabane est un temple; le chaume devient or, le vestibule est couvert de jasmins et d'orangers; l'escalier disparaît sous les tapis des Gobelins; on ne voit plus la muraille, elle est couverte d'une tenture empruntée aux hôtels de la place Royale. Ah! fi de ces carreaux vernissés à Nevers! Nous aurons pour y poser nos pieds charmants des nattes de l'Inde et des coussins de l'Orient. Tout petille à la fois dans les caves et dans les cuisines. L'argenterie, plate et montée, resplendit sur nos buffets et sur nos crédences. Chaque matin, Rosalinde, à sa toilette, aura pour la servir une esclave qui versera sur ses belles mains les eaux parfumées, sur ses longs cheveux les essences les plus précieuses. Que dites-vous de cela, mes chères amours? Et pensez-vous que le marquis de Sassenage et ses capitaines en puissent faire autant que votre humble amoureux, le baron de Vivès? »

Tout d'abord, à ce langage inespéré, Rosalinde eut grand'peur. Elle ne pouvait en croire ses oreilles; elle se demandait si le jeune homme était devenu fou? Mais non, il était dans son bon sens, ou tout au plus dans un légitime accès de fièvre amoureuse. Il pensait tout à fait ce qu'il disait. Elle lui fit cependant, mais pour la forme, une suite d'objections :

« Vous êtes donc bien riche, Henri ?

— Assez riche pour que vous meniez le train d'une reine pendant ces huit jours.

— Mais vous êtes bien jeune, et l'on dira que je vous perds.

— Sassenage est mon cadet de six semaines.

— Mais il commande, il est colonel, et ça lui donne un degré au-dessus de vous.

— Qu'à cela ne tienne, ô mes amours, j'achète un régiment dans un mois. »

Bientôt, la poésie étant passée, le jeune homme et sa belle, éblouis un instant, mais déjà revenus de ces premiers étonnements, convinrent que tout à l'heure, avant ce soir, avec telle somme que lui remettrait le baron, elle s'en irait dans la cité voisine, acheter les ornements de sa royauté prochaine. Henri profiterait de son absence, pour décorer et meubler l'hôtel Rosalinde. Puis, des protestations, des serments, des tendresses ; puis soudain Rosalinde, encore hésitante :

« Hélas ! lui dit-il, qui vous arrête, et quel souci vous fronce, en ce moment ?

— Ce qui m'arrête, Henri, le voici, je dois vous le dire, et je vous le dis, la main sur le cœur. Sitôt que vous m'aurez faite ainsi belle et parée, éclatante sous les pierreries et sous les fleurs, écoutez bien l'avertissement que je vous donne : il peut arriver que ce cœur volage et cette tête à tous les vents se détournent de vous, mon maître et seigneur, et que j'emporte à la fois le baron de Vivès, tout entier, son amour, sa fortune et ses vingt ans. Alors que feras-tu, mon amour ? que deviendras-tu ? Quelle malédiction ! que de larmes, de désespoir ! Non, non, c'est impossible, et, vois-tu, Henri, je me connais bien, j'appartiens au tréteau, à l'improvisation, à la fantaisie, enfin je ne suis rien qui vaille..., une ingrate, et je t'abandonne au bout de huit jours.

— Je vous l'ai dit, ma petite Rosalinde, au bout de huit jours de constance, je suis payé, et n'en demande pas davantage. Attendez-moi, je reviens dans une heure. »

Et, toute semblable (ô profanation!) à Juliette Capulet, lorsqu'elle ouvre à Roméo la porte du jardin, sur le sentier qui conduit hors de Vérone, Rosalinde accompagna son Roméo jusqu'au seuil silencieux de Durbec, l'usurier.

XV

L'usurier l'attendait patiemment dans sa caverne; à travers le *judas*, il les vit venir, elle et lui, et son vieux cœur bondit dans sa poitrine. Il laissa M. le baron le long espace de quatre à cinq minutes à sa porte, où il frappait d'une main plus modeste qu'il n'eût fallu. Il frappait à si petits coups que personne n'eût deviné que celui qui s'annonçait comme un pleutre, était trois fois comte et baron, avec quatre ou cinq fiefs ou seigneuries. Cependant la porte est ouverte et le jeune homme entre enfin dans ces ténèbres où maître Durbec le reçut comme il eût reçu tout autre client (c'est le nom qu'il donnait à ses victimes), et tout de suite on aborda, de part et d'autre, cette question d'emprunt. Ce n'était point la première fois d'ailleurs que l'usurier prêtait son argent aux seigneurs de Vivès.

Durbec avait conclu de très-grandes affaires, avec le fameux oncle Antoine, et beaucoup mieux que l'héritier de cette maison, il connaissait le *pouillé* de ces acquêts et conquêts, paraphernaux, droits dotaux, droits féodaux. Dans sa pensée, il faisait, depuis trente ans, de ces domaines, son bien propre. A deux ou trois reprises, il en avait tenu sous sa main une bonne part, la part réservée à payer les dépenses de l'oncle Antoine; mais, telles étaient l'habileté et la violence de ce soudart, chaque fois qu'il allait être dépouillé de son pouillé, tantôt par un incident de procédure et tantôt par son argent comptant, très-souvent par sa menace, et toujours par l'irrésistible ascendant du seigneur sur le vassal, l'oncle Antoine avait arraché ses contrats les plus dangereux aux mains de cette harpie.

Il faut dire aussi qu'en ce temps-là Durbec *junior* avait encore bien des pratiques souterraines à apprendre; il n'avait pas le bel âge de l'usure; il ne savait pas la toute-puissance de l'argent; par habitude et par instinct, il reculait devant ces seigneurs, qui étaient tous, peu ou prou, capitaines dans l'armée, ou conseillers au Parlement. Bref, quelles que fussent les ardeurs de cet homme et ses convoitises, et les cruels motifs de sa haine, il éprouva le plus vif sentiment de joie et de férocité qu'il eût éprouvé dans toute sa vie, en voyant ce jeune homme assis devant lui, la tête nue, et dont le regard timide semblait interroger sa pensée à lui, Durbec.

Chose étrange! Il ne fit pas durer la négociation aussi longtemps que tout autre eût fait à sa place. Il lui suffisait de tenir sa victime et que tôt ou tard il la pût tourmenter à son gré.

« Allons au fait, monsieur le baron, vous êtes pressé, je le vois, et moi je n'ai pas de temps à perdre. Il me faut en toute hâte songer à l'argent que vont dépenser, ici même, les jeunes seigneurs qui se font annoncer à son de trompe. Ils m'ont tous écrit, chacun de son côté (voici leurs lettres), pour que je tienne à leur disposition : celui-ci telle somme, et celui-là telle autre somme. Un d'eux même, le marquis de Sassenage, qui est un des grands propriétaires du Dauphiné, ouvre au besoin à Mlle Rosalinde un crédit illimité sur ma cassette.

— Elle ne m'a pas dit cela ! s'écria le baron, tout content de la nouvelle.

— Elle a bien fait, reprit Durbec ; mais je vous le dis, moi, pour que vous sachiez que cette dame a les plus hautes inclinations du monde, et que l'argent ne la tente guère. Agissez donc comme il convient avec cette princesse, et ne lésinez pas ; nous avons là (tapant sur son coffre) de quoi la contenter. »

Ce fut ainsi que Durbec devint le complice des tristes événements qu'il prévoyait. Après un calcul à vol d'oiseau, il remit au jeune homme une traite de dix mille écus sur un banquier de Grenoble. En même temps il se chargeait de disposer la *maison blanche*, et de la remeubler comme un jour l'oncle Antoine l'avait meublée, en l'honneur d'une de ses maîtresses de passage :

« Ah! mon cher baron, quel homme et quel amoureux c'était l'oncle Antoine! Il a brûlé des villes, égorgé des peuples, éventré des évêques, déchiré des femmes en morceaux, et jeté des enfants dans le feu pour acheter des colliers à ses maîtresses. Il s'est débarbouillé dans le sang pour plaire à ses amours. Pas une femme ici, là-bas, partout, qui lui résistât. Avant l'heure où la dame se rendait, il la traitait en souveraine; une heure après, il la foulait à ses deux pieds.

J'en ai connu de très-charmantes qu'il avait couvertes d'or, et tout de suite après, il vous les bâtonnait; il arrachait leur diadème avec les cheveux; il déchirait la robe et le sein; il eût coupé le doigt pour rattraper la bague. Ou bien, s'il rencontrait chez un bourgeois, en quelque humble maison, chez un pauvre diable, une innocente enfant, brave fille et loyale, à l'abri de ses présents, il se faisait si bon, si tendre et si dévoué, qu'il entraînait la fillette à quelque autel mystérieux, dont le prêtre était un sien valet, dont quelque vieille maîtresse à lui était l'enfant de chœur; ce prêtre et ses dignes acolytes mariaient cette enfant avec le terrible baron sur quelque registre de cabaret, où le palefrenier écrivait la paille et le foin de l'écurie. Il se permettait volontiers ces sortes de gentillesses, l'oncle Antoine, et quand la pauvre innocente qui se croyait une dame, au bout d'une année de ce triste mariage, tenait dans ses bras un enfant de trois mois, l'oncle Antoine arrivait, vidant le berceau, et laissant la mère éperdue, attestant, mais en vain, le ciel outragé par ces noces mensongères, appelant, mais en vain, le triste enfant que cette infortunée ne devait plus revoir!

Les bonnes farces que c'étaient là, cher monsieur, comme on riait dans la contrée, et comme on croyait à la Providence, en voyant l'oncle Antoine qui revenait tous les quatre ans, pour payer ses dettes, juste au moment où chacun prédisait sa ruine! Ah! monseigneur, que vous avez à faire avant de remplacer dignement ce galant homme! Et pendant que ses pareils, devenus vieux, rachètent leurs péchés et leurs crimes par quelque fondation pieuse : un hôpital, un couvent, un ermitage, une croix funèbre, un remords, un repentir, cet homme intrépide, orné du cordon rouge, maréchal de camp du roi notre Sire, a fait bâtir chez nous, dans notre honnête cité, entre le fleuve laborieux et la montagne féconde, un vrai théâtre, infectant, après lui, ce triste endroit qui fut la victime et le témoin de ses crimes, des plus misérables vagabonds et des plus dangereuses gourgandines qui aient jamais ramassé la boue et la poussière des grands chemins. Voilà ce qu'il a fait, l'oncle Antoine, et ma foi, son petit-neveu n'a pas trop mauvaise grâce à courir après les Cidalises.... sans vergogne et sans jupon. »

Cet affreux discours, qui mettait en un vif relief la vie entière d'un parent qui lui était si proche, et dont la trace était si récente, en toute autre occasion, le baron de Vivès l'eût fait rentrer dans la gorge de l'orateur. Mais en ce besoin d'argent, mais privé de son amie intime et conseillère, à savoir l'opale aux doux reflets, mais ce crédit ouvert à Rosalinde, et la subite intervention de jeunes officiers, ses rivaux, dont il lui semblait entendre au loin la raillerie et le grand bruit, enfin Rosalinde ici proche, et faisant déjà, parmi tant de beaux rêves, les préparatifs de son départ, c'étaient autant de motifs pour que sa juste colère en fût amortie, et qu'il laissât déclamer ce maudit vieillard.

« Voici donc, reprit Durbec, d'un ton calme et froid, trente mille livres argent, plus trente mille livres pour la maison que je meuble et répare, enfin trente mille livres de pierreries que la dame aura sur sa toilette, à son retour.

— Ce qui fait bien soixante-dix mille livres, reprit le baron.

— Ce qui fait bien mordieu deux cent mille livres! s'écria Durbec, les yeux pleins de menace. Y pensez-vous, monsieur le baron, soixante-dix mille livres! Cet argent trouvé si vite, avec tant d'à-propos, je l'échangerais contre une même somme d'argent, Pardieu, mon jeune Seigneur, vous êtes fou! »

Le baron courba la tête, et sans mot dire, et sans trop savoir ce qu'il signait, il signa quatre ou cinq papiers que l'usurier lui présentait : Vente du clos Dionis, vente de la pointe de Fichu, vente de la Bertenache et vente du château Marion.

« C'est le seul vin que boive encore ma grand'mère, disait Henri en soupirant.

— Ajoutez de votre main, monsieur le baron, que vous vous réservez jusqu'à la mort de Mme la comtesse, une pièce de vin de château Marion, ce sera ma redevance; on redoit toujours sa redevance à son seigneur. »

Ici s'arrêta l'entrevue ; et lorsque Henri fut sorti, moins léger que tout à l'heure :

« Ah! pour le coup, disait l'usurier en serrant précieusement ces contrats, j'en tiens un de ces Vivès, et cette fois, je le tiens bien. »

Nous avons dit que la maison de cet homme était une citadelle à plusieurs étages; il se tenait blotti, tout au bas, comme un renard dans son terrier, mais d'étage en étage il avait enfoui mille richesses. Comme tous les gens de sa profession, il avait le flair des belles choses. Sans s'y connaître, il les aimait, et ne s'en défaisait qu'à bon escient.

La *maison blanche*, cette maison compromise après les drames funestes qui s'étaient passés dans ses murs, l'ami Durbec l'avait achetée, il l'avait démeublée, et ces meubles, ces tableaux, ces tapisseries, ces glaces, ces fauteuils dignes de Versailles, il les avait transportés précieusement dans sa caverne. A présent qu'il avait rencontré cette heureuse aubaine, et qu'il se faisait payer si cher des meubles qui lui reviendront avant peu, c'était chez ce propriétaire étrange une vraie fête de rétablir le luxe et les splendeurs de céans, pour vingt-quatre heures. A cette tâche, où se trouvaient réunies sa joie et sa vengeance, il apporta tout son zèle, et trois jours lui suffirent pour mettre en grand honneur une ruine *hantée*, on le disait du moins. Ainsi, tout à coup, toute chose est sa place; on ne voit plus dans cet abandon que des merveilles.... L'oncle Antoine, à cette heure, peut revenir : « Voilà bien, se dira-t-il, mon logis splendide, et je reconnais mes royales demeures. Dans ces greniers changés en salons, je retrouve mes tableaux, mes horloges, mes vieux laques. Voici bien dans ces vases du Japon, les roses de la saison nouvelle, et si je me regarde en passant, dans ce miroir, je me revois splendide et féroce. »

Donc maître Durbec accomplit, même au delà, toutes ces métamorphoses.... Rien ne fut maintenu, du triste appartement qu'habitait Rosalinde. On avertit ses camarades qu'ils eussent à déloger de leur tanière, emportant leur défroque. Seulement, dans le coin de la grande salle, il fallut forcément épargner le clou funèbre, auquel était suspendue cette mystérieuse couronne d'immortelles. On raconte, en effet, que rien ne put venir à bout de ce terrible instrument d'un suicide; on y lassa les marteaux les plus lourds, on y brisa les lames les plus dures. Peut-être aussi que les ouvriers tremblaient en touchant à ces témoignages ; leurs instruments, s'ils n'étaient pas brisés, tombaient de leurs mains défaillantes. N'oublions pas le lustre au plafond, les chenets à la cheminée, et les grands rideaux lampassés d'argent aux fenêtres, retenus par des embrasses en tresses d'or. Le Durbec lui-même, au milieu de ces splendeurs, se demandait en ricanant quelle fée ou quelle reine allait venir ?

Comme il était convenu entre les deux hautes autorités contractantes, Rosalinde était partie avec sa camarade Guillemette, dont elle avait fait, sans prudence et sans façon, sa demoiselle de compagnie, à la recherche des plus beaux atours que pouvait fournir à ces dames les princesses errantes une province habile entre toutes, à tisser la soie, à façonner le velours, à chiffonner la gaze, à marier, à varier les plus ravissantes couleurs, à couvrir la dentelle de mille fleurettes : ornements, parures, la forme et le fond, le beau linge et les riches étoffes. Pensez à la joie, à l'enivrement de Rosalinde, à son mépris pour ses anciennes guenilles ; à son contentement de se promener dans l'*île enchantée*, à son orgueil, de se voir encore une fois vêtue en princesse d'Élide !

Aussi bien, l'une et l'autre, et la maîtresse et la suivante, elles s'entendaient à merveille à dépenser l'argent des pauvres amoureux ; elles le jetaient comme on le leur donnait, sans compter, et leur présence (avec tant d'argent dans ces mains prodigues), fut une révolution chez les tailleurs, les brodeuses, les lingères, les fleuristes. De la tête aux pieds, de la taille à la main, de l'épaule au sein peu voilé, rien ne fut oublié, rien ne fut négligé. De ces deux femmes, la plus éveillée et la plus habile aussi n'était pas celle que vous pensez, peut-être ! En plein triomphe était Rosalinde ; elle ne voyait pas d'obstacle à sa beauté ; son caprice était un ordre, et sa fantaisie à l'instant s'accomplissait.

Rien vraiment de trop riche et rien de trop beau pour elle. — Oui dà, mais dans son ombre imprudente, Guillemette, en fille sage et toute jeune, allait à l'élégance, à la simplicité, aux chiffons du mois d'avril. Bref, pour le compte et l'ornement de ses dix-sept ans, elle trahissait sa maîtresse, assaisonnant ses trahisons des compliments les plus exagérés sur les grâces de Rosalinde et sur son faste : « Ah! madame, que vous êtes bien là reine, et je suis, moi, votre humble servante, en mousseline, en jupon court. » Jamais, à la voir si modeste et si peu confiante en ses belles années, vous n'eussiez dit que cette Guillemette était un Tibère en jupon, qui rêvait l'empire à son tour, et ne désespérait pas de renverser l'idole au manteau de pourpre, de son fragile piédestal. Tel était l'empressement de ces dames, que pas une, en sa gloire de Niquée, ne songea au jeune dieu *qui leur faisait ces loisirs*. Que de ravissements, d'enchantements!

A la fin du sixième jour, bien peu restait à Rosalinde, à Guillemette, de ces dix mille écus, royalement donnés, royalement dépensés. Une fois rassasiées de ces richesses, qui étaient pour Rosalinde un souvenir, pour Guillemette une espérance, et d'ailleurs tout l'argent étant dépensé, Rosalinde se souvint qu'elle était attendue, et que l'heure approchait d'étaler convenablement ces merveilles. Elle rapportait des malles, des caisses et des cartons sans nombre, avec tant de bijoux et de parures! Par le coche, elle était partie avec tout le monde, elle revint dans un bateau pavoisé, à quatre rameurs, et du rivage on voyait les populations sourire à cette Cléopatre, assez semblable à la Cléopatre de Robert-Garnier :

Toy seule, Cléopatre, as triomfé de moy !

C'était, d'une campagne à l'autre, une apparition des nymphes et des amadryades du Rhône au flot bruyant : le berger sur son tertre, et le vigneron dans sa vigne, et la belle Condriote assise aux bords de son fleuve, contemplaient d'un regard charmé cette éblouissante théorie. Une oreille attentive eût entendu retentir en ce moment dans les airs réjouis, les chansons de ces mêmes musiciens invisibles, qui saluaient Marc-Antoine dans les murs d'Alexandrie :

> Le silence partout, avons ouy les sons
> De divers instruments et diverses chansons,
> Par la vague de l'air et le bruit des coroles,
> Telles qu'à Nyse sont les Édoïndes folles
> Aux festes de Bacchus, et semblait que ce chœur
> La ville abandonnast pour se rendre au vainqueur.

Ainsi, le retour de Rosalinde obtint les honneurs du triomphe, et si profonde était sa joie, et si violent son orgueil, qu'à peine elle s'étonna, lorsqu'au perron de sa maison vermoulue elle fut reçue, avec tous les respects dus à sa majesté, par un maître d'hôtel, en grand habit, la chaîne au cou, l'épée au côté, le chapeau sur la tête et baguette en main. Rien ne la surprit : ni les flambeaux à trois branches que tenaient les laquais (c'était le soir), ni les fleurs de l'antichambre et les bustes de l'escalier où trônaient les douze Césars. Décidément partout où logeait le luxe, elle était chez elle, assise sur une bergère : « Ah! dit-elle, avec une plainte, que c'est dur! »

Elle grondait *ses femmes*, celle-ci avait rempli jusqu'aux bords son aiguière en vermeil, celle-là peignait brusquement ses beaux cheveux. Deux ou trois fois elle changea de négligé. A son souper, elle se plaignit du rôt brûlé, du poisson mal assaisonné, du vin trop jeune et du pain cuit dans la matinée. A l'entendre, il eût fallu chauffer le four, deux heures avant le retour de madame. Enfin, couchée en ce lit qu'eût envié un fermier général, la belle, en convenant que la couche était suffisante, ordonna que demain, à son réveil, on amortît le bleu vif des tentures, par un

rideau pâle et transparent. Rien de plus ;
à peine elle daigna demander si M. le baron s'était fait inscrire à sa porte ? « Et
s'il vient ce soir, Guillemette, on lui dira
que je repose ; nous l'attendons demain sur
les deux heures, pas plus tôt. »

Si le plus jeune et le plus imprudent des
barons du Dauphiné ne s'était pas présenté chez sa maîtresse depuis ces derniers huit jours, c'est qu'il avait presque oublié qu'il était amoureux fou de Rosalinde, et qu'il s'était ruiné pour cette infante. A peine elle fut partie, il était rentré
bien tranquille au château, et comme il avait
rouvé sa grand'mère un peu souffrante,
il s'était établi à son chevet, l'entourant des
soins les plus tendres. Pour la première
fois, peut-être, il entrevit, dans cette honnête semaine, cette enfant que la vieille
dame appelait sa filleule, et plus qu'on ne
saurait le dire, il resta frappé à l'aspect de
ce visage austère et charmant, sur lequel
se mêlaient, dans une confusion ravissante,

les grâces fluettes de la seconde enfance à l'énergie, à la volonté de la jeunesse, au moment sérieux où va commencer l'avenir. Cette fillette, aux yeux du baron, semblait un phénomène étrange.

Elle était tour à tour mignonne et si formée! On la voyait à peine, et tout de suite elle apparaissait, l'auréole à son front. Elle restait des heures entières sans mot dire, étudiant le doux visage de l'aïeule, aux yeux demi-voilés; puis, tout à coup, d'une voix nette et vibrante, elle donnait un ordre écouté de tout le château. Servante et princesse, habile à commander, obéissante au moindre signe. Tantôt le baron se disait : « Je l'ai vue, à coup sûr.... où donc l'ai-je vue, en robe de soleil, en couronne d'étoiles? » Il se disait une autre fois, la voyant timide et suppliante, soutenant d'un bras vigoureux la paralysée : « Allons, je suis fou, ce n'est qu'une servante, et je l'aurai vue aux genoux de ma grand'mère. » Il ne quittait guère la chambre où se tenaient ces deux femmes, et, dans l'accomplissement de ces devoirs, il oubliait, le pauvre enfant, à quelles chaînes il était attaché : les chaînes de l'usurier, les chaînes de la coquette.

Un incident imprévu, qu'il aurait dû prévoir, le vint tirer de ce grand calme, et le précipiter dans un abîme de malheurs.

XVI

L E dernier de ces jours de répit, quelques heures avant le retour de Rosalinde, un valet de la maison vint dire à Mme la marquise qu'un homme était dans l'antichambre, et demandait à parler à Madame : « Il y va, disait-il, de l'honneur de M. le baron ! »

A cette nouvelle, un grand frisson s'empara de la dame et de la servante; elles retombaient l'une et l'autre en ces terribles inquiétudes, un instant oubliées. Que faire ? Éloigner cet homme était ajourner une explication indispensable, c'était prolonger un malaise impossible à garder plus longtemps. Dans un coin de la chambre, à demi couché sur une bergère, Henri dormait et rêvait d'un doux rêve, à juger du songe heureux par le sourire.

« Ah! madame! »

Et la dame, imposant silence à sa filleule :

« Allons, dit-elle, un peu de courage, et sachons ce qu'on vient nous apprendre ; Henri se réveillera trop tôt. »

Sur quoi l'homme entra, conduit justement par le petit berger de l'autre jour. C'était Durbec. Il tenait dans ses mains, légèrement tremblantes d'une émotion mal contenue, une demi-douzaine de papiers...

« Il venait, disait-il à voix basse, en protestant de son respect pour madame la marquise et pour monsieur le baron, prier madame la marquise de relire ces contrats de vente et d'apposer, s'il lui plaisait, sa signature au bas de ces écritures régulières. A la rigueur, on pouvait s'en passer, mais il lui avait semblé convenable que madame attestât publiquement de son approbation, et forçât, par sa signature, les plus mal intentionnés à respecter la dette et la volonté de monsieur le baron. »

Cet homme était habile; il parlait au nom de l'honneur de cette maison. La marquise écouta sans rien répondre, et quand elle eut bien lu, l'un après l'autre, ces actes de vente, elle fit signe à sa jeune gardienne qu'on lui apportât son écritoire, et qu'on lui mît la plume à la main. « Soutiens ma main, ma chère Jeannette! » et Jeannette, à ces mots, prête à sangloter, répondit par un geste, qu'elle n'aurait pas cette force. Alors la dame, d'une voix émue et singulière :

« Henri, dit la voix, réveille-toi, viens à mon aide! Henri! Henri! » Le jeune homme, en s'éveillant, à l'aspect de ces papiers, de ce marchand d'or, de cette mère au désespoir, se demandait si vraiment ce n'était pas un rêve? « Henri, mon enfant, reprenait l'aïeule, il faut me délivrer de l'aspect de cet homme; ainsi, soutiens ma main, que j'écrive ici mon nom au-dessous du tien, afin que tu ne sois pas seul dans tes fautes, et que nous restions solidaires, moi de toi, toi de moi. » Le jeune homme obéit. Il prit la plume, et, la trempant dans l'encre, il la mit à la main tremblante de la marquise. Hélas! la pauvre dame, à chaque papier qu'elle signait, voyant que son petit-fils perdait un vignoble, une prairie, une île, une saulée, un lambeau considérable de cette fortune si longtemps et si courageusement défendue, elle en avait les yeux pleins de larmes. Elle eût parlé, que sa voix se fût éteinte dans un sanglot. Henri soutenait toujours cette main défaillante, et lorsque enfin on en fut à la vente du clos Marion, un instant la dame hésita. Elle n'y pouvait pas croire. Enfin, d'elle-même, et toute seule, elle effaça la redevance, et signa, d'une main ferme encore, tout ce renoncement. Durbec, frappé d'un respect involontaire, se retira, sans mot dire.

Les deux malheureuses semblaient renaître à mesure que s'effaçait le bruit de ses pas. Restées seules (le jeune homme était rentré dans son appartement), Jeannette et sa marraine se tenant étroitement embrassées, répandirent des larmes amères.

« Ah ! madame, ah ! madame, il est perdu ! Le pauvre enfant, le voilà ruiné ! Tout son bien, le bien de ses pères, il le jette aux pieds d'une excommuniée. Ah ! que nous avons eu tort, madame, de l'entourer de ces miracles, de lui donner ce talisman... il l'a donné, marraine ; il n'a plus l'opale ; il n'a plus sa conscience ; il ne se souvient plus de ses serments au génie de la fontaine ! C'est notre faute, il est perdu ! »

Disant ces mots, elle sanglotait, elle pleurait, elle invoquait la sainte Vierge ici présente, elle appelait la terre et le ciel à son aide. Elle avait compris, cette intelligence, qu'il ne faut pas jouer, même pour leur bien, avec la raison des hommes, et que le miracle est un mauvais moyen de refréner leurs passions. Elle s'en voulait du rôle accepté dans cette étrange comédie.

« Allons, ma fille, un peu de calme et de courage! Espérons tout de la Providence, et maintenant que nous avons commencé par un miracle, il faudra bien finir par un miracle. Encore une fois, soyons calmes! Il s'agit ici d'un noble cœur et d'une âme innocente. Mon cher Henri expie en ce moment les fautes de son oncle Antoine; est-ce un motif pour se récrier : tout est perdu, et pour l'abandonner dans cette épreuve? Ah! mon cher enfant, mon cher fils, que je te plains...! » La dame, à ces mots, pleurait, et Jeannette, à son tour, la consolait. Puis, confiantes en Dieu, et se rappelant que le lendemain c'était un jour de fête solennelle, la fête de la marquise et la fête du village, elles s'endormirent, paisibles et confiantes dans le Père qui est là-haut.

Ce joyeux dimanche devait être signalé par l'entrée éclatante de ce régiment du

Royal-Dauphinois, que commandait le marquis de Sassenage, et, depuis tantôt huit jours que cette fête était annoncée, elle tenait tout le monde attentif.

De tous les côtés de la province affluaient les curieux attirés par l'annonce d'un spectacle ouvert aux plus dignes spectateurs par de jeunes officiers qui portaient les plus beaux noms de ces royaumes du Midi. Chaque maison des Aigues-Vives avait pour le moins deux ou trois hôtes qui lui étaient venus des cités et campagnes environnantes; l'hôtellerie était pleine, et l'on aurait eu grand'peine à trouver une écurie, un cellier, une grange inoccupés. Dans les villages voisins, devaient loger les cavaliers et leurs chevaux. Seul en ce brouhaha d'une si grande fête, Henri de Vivès n'y prenait nulle garde. Il avait tant de remords de son aïeule désolée, il regrettait si profondément ses domaines paternels et maternels, dont sa vanité avait fait un déjeuner de soleil!

Il se fût confiné dans le silence et l'obscurité de sa maison abandonnée, s'il n'eût pas entendu un bruit de chevaux qui s'arrêtaient à sa porte, et des voix demandant impérieusement le baron de Vivès....Ceux qui l'appelaient ainsi étaient justement ces verts-galants de l'uniforme qui s'étaient fait annoncer dans toute la contrée, et s'invitaient à déjeuner chez le jeune seigneur de céans.

Soudain, à leur premier ordre, la porte est ouverte à deux battants et M. de Sassenage, accompagné de ses capitaines, MM. de Saint-André-Virieu, de Boissieu, de Cochefilet, entra dans ce château comme entrerait un seigneur dans sa propre seigneurie. A l'aspect de son ancien condisciple, entouré de la grâce et de l'éclat des armes et de tous les honneurs du commandement militaire, Henri retrouva toutes ses préventions d'autrefois. Il reconnut, à des signes certains, que l'insolence et l'orgueil du marquis avaient grandi, en proportions effrayantes, et, plus que jamais, il se sentit possédé d'une envie immense de lutter contre ce rival qui semblait le couvrir de sa protection.

Le déjeuner se fit en toute hâte, à la façon de ces maisons hospitalières : un déjeuner plantureux, une table avec soin chargée de ses produits de la ferme et du château, de la plaine et de la forêt, des rivières et des basses-cours, de la cave et du fruitier. Ces jeunes gens étaient grands mangeurs, grands buveurs, grands hurleurs; chacun parlait d'une voix superbe, interrogeant sans attendre une réponse, et répondant sans être interrogé. De ces quatre officiers du roi, le moindre avait un demi-pied de plus que notre jeune homme; ajoutez le bruit, l'attirail et les splendeurs de l'uniforme que chacun arrangeait à sa guise, et le contentement de tous les plaisirs que ces messieurs se promettaient.

Après avoir déjeuné, ils demandèrent

la permission de saluer Mme la douairière des Aigues-Vives; elle fit répondre qu'elle-même elle aurait l'honneur de les saluer en allant à l'église. Et maintenant, ce devoir accompli :

« Hâtons-nous, s'écria le jeune colonel, si nous voulons assister au défilé du régiment. Il arrive, il est sur nos pas; si vous le permettez, mon cher baron, il fera halte ici même, et, quand nos hommes se seront rafraîchis à l'ombre de vos noyers, qu'ils auront donné un coup de brosse à leur habit, et bu le vin de l'étrier, ils se mettront en ligne et nous les verrons flamboyer, comme autant de soleils à cheval, sous le balcon de la belle des belles.

Allons ! messieurs, et qui m'aime me suive ! »

Et le voilà parti sur son cheval de bataille, précédant tout le monde, le baron de Vivès marchant à ses côtés. Quatre ou cinq laquais en grande livrée arrivaient à sa suite : on entendait déjà dans le lointain les premiers bruits d'une troupe en marche et le hennissement des chevaux.

Tout le village était sur pied, les seuils chargés de verdure ; des têtes gaies et babillardes à chaque fenêtre, et, dans le clocher, le carillon des grandes fêtes. Il y avait même sur les toits des enfants de Bacchus, dieu des vendanges! Joie et liberté, bonheur de voir une chose nouvelle. Cependant la Rosalinde, en dame habile et qui savait son métier de coquette, avait fait, dès le matin, ses plus somptueux préparatifs, et, depuis déjà trois heures, elle était à sa toilette, étudiant, essayant toutes ses parures l'une après l'autre. Elle-même elle en fut éblouie, et, dans cet éblouissement, notre amoureuse ne songea qu'à parer la comédienne. A la fin, après bien des hésitations, elle choisit justement ce qu'il ne fallait pas mettre au grand jour, en plein midi, loin du théâtre. Elle mit un surtout d'un brocart broché d'or avec des grands compartiments noirs, ornés tout autour d'une dentelle de Malines. Elle posa sur sa tête un turban de velours tailladé, surmonté d'une aigrette en diamants.

Que vous dirai-je? Elle était toute semblable à l'image de Roxane dans le *Bajazet* de M. Racine. Ses manches étaient relevées par des lacets en filigranes d'or, avec des boutonnières en pierreries. Sa jupe, d'un damas de Venise à grandes fleurs, se rattachait par une chaîne de topazes. Un collier d'or ornait son cou, des pendeloques de perles chargeaient ses oreilles. Ses pieds étaient chaussés de mules à haut talon; les coins de ses bas représentaient des épis d'or; sa main gauche était gantée, et, de sa main non gantée, elle agitait un éventail en plumes de paon sur lequel brillait un miroir. Ainsi faite, elle était riche et superbe, et, quand il n'y eut plus rien à reprendre, elle entra de son pas de reine, sur son balcon chargé de tentures empourprées. Là, elle resta un instant debout, comme si elle eût voulu se montrer à son peuple.

En ce moment choisi, le marquis de Sassenage et sa suite, forcés d'aller au pas, tant la foule était grande, arrivèrent en présence de la *maison blanche*. A ce spectacle merveilleux, ils s'arrêtèrent comme s'ils eussent été frappés et muets d'admiration.

« Mais, s'écria M. de Sassenage, on ne nous avait point avertis de ce miracle de beauté, monsieur le baron ? Dieu me damne, il ne s'agit plus d'une comédienne sur son théâtre, et voilà bel et bien une divinité sur ses autels.

> Telle n'est point la Cythérée
> Quand d'un nouveau feu s'allumant,
> Elle va pompeuse et parée
> A la conquête d'un amant!

A cette admiration, où se cachait une pointe d'ironie (admirons ici la bizarrerie et l'inconstance du cœur humain), le baron de Vivès, si dédaigneux ce matin de cette beauté pour laquelle il avait perdu sa fortune, éprouva je ne sais quel retour d'orgueil quand il pensa que ce beau papillon se brûlerait à ce flambeau. Ils eurent bientôt gagné le seuil de l'hôtel Rosalinde, où sans nul doute ils étaient attendus. A deux battants, la porte était ouverte; une main diligente avait posé sur le perron les fleurs les plus belles et les plus rares; par le vaste escalier ces messieurs montèrent; ils furent reçus par Guillemette en simple habit, avec un sourire de bon augure. Elle était vraiment très-jolie avec deux beaux yeux vifs, amoureux, et déjà très-habitués à la petite guerre; la bouche un peu grande et bien meublée et les lèvres vermeilles; elle avait le teint frais, elle était bien prise en sa petite taille, en un mot, toute charmante, et plus femme encore qu'elle n'était comédienne. En ce moment, le théâtre avait tort.

« A qui donc avons-nous l'honneur de parler, s'écria M. de Sassenage : à la soubrette, à la maîtresse?

— A l'ingénue, à Mlle Agnès, pour vous servir, monseigneur »! répondit Guillemette avec le salut des grands appartements.

Sur quoi M. le colonel offrit son bras à la demoiselle; et l'un et l'autre, après avoir traversé le grand salon tout rempli des plus beaux meubles, ils entrèrent sur le grand balcon où se tenait Sa Majesté Rosalinde. Or, quand elle vit Guillemette au bras de ce gentilhomme, elle oublia de se lever de son siége, comme c'était son devoir et son intention.

« Ne vous dérangez pas, madame, disait M. de Sassenage, et, s'il vous plaît, restez assise. On arrive ici tout exprès pour savoir si votre génie est à la hauteur de la réputation que vous avez acquise, depuis le peu de temps que vous êtes le bruit de cette ville; permettez cependant que je présente à vos grâces diverses, une jeune demoiselle que je viens de nommer *in petto*, comédienne à l'hôtel de Bourgogne, et qui n'oubliera pas, j'en suis sûr, une fois dans cette illustre position, de protéger son ancienne camarade. »

Ayant ainsi parlé, il commandait que l'on posât, pour Mlle Guillemette, un second fauteuil à l'extrémité du balcon ; puis ces messieurs se placèrent sur des pliants, et l'on eût dit, à les voir de loin, qu'ils répétaient la grande scène où Célimène, en son appartement, tient tête aux jeunes marquis de l'OEil-de-Bœuf. Rosalinde, étonnée et presque éblouie à ces discours, à ces façons d'agir, en était à se demander qui donc était céans, la maîtresse, et de quel droit Guillemette, une suivante, avait pris la place d'honneur? A peine elle songeait à saluer ce baron de Vivès, dont elle était la créature, et volontiers elle eût donné tous ses ajustements et tous ses meubles pour un sourire de ces nouveaux venus, si bien tournés, et si magnifiques.

Eux, cependant, s'entretenaient déjà, sans trop se soucier de Rosalinde ou de sa compagne, des beautés d'alentour; ils se montraient l'un à l'autre, avec une admiration bruyante, ces villageoises empressées de voir et d'être vues, si gaies, si contentes et si parées.

« C'est un enchantement, disait M. de Virieu à M. de Cochefilet! Avez-vous jamais trouvé réunies plus de jeunesse et plus de gentillesse, de plus riants visages, et plus d'esprit petillant dans de plus beaux yeux? »

Assis derrière Guillemette, le marquis de Sassenage était le seul qui fît grande attention à sa voisine ; il lui contait mille douceurs en vrai petit-maître ; elle y répondait en petite maîtresse accomplie ; et tantôt elle avait un faux air de la maréchale de la Ferté, tantôt on l'eût prise, à son beau rire, pour Mme de Lionne. Elle eût parlé toute sa vie avec M. de Vardes ou M. de Bussy, elle n'eût pas rencontré de plus piquantes reparties. A ce triomphe inattendu d'une rivale qui lui semblait, tout à l'heure encore, si peu redoutable, Rosalinde était au supplice; elle cherchait, mais en vain, un tour de tête, un beau geste qui la délivrât du déplaisir de jouer le second rôle. Elle ne comprit guère la position qui lui était faite qu'à ces mots de M. de Sassenage à Guillemette : « Apprenez, madame, que la femme à qui je fais l'honneur de parler, est inévitablement, tant que je lui parle et sans conteste, un premier rôle.... » Ah! quelle chute pour Rosalinde! et quel dépit pour le baron de Vivès! Il croyait vaincre, il était battu sur son propre terrain.

Un piquet de quatre ou cinq cavaliers qui composaient l'avant-garde apparut au loin, reconnaissable aux guidons blancs qu'ils portaient au bout de leurs carabines. Aussitôt chacun fit silence, et ces premiers cavaliers défilaient à peine sous le balcon en saluant le colonel, que déjà se faisaient entendre les timbales et les clairons de cette troupe en marche. Un vieux lieutenant à barbe grise, qui avait fait la campagne de Flandre, sous le duc de Luxembourg, conduisait l'escadron, et remplaçait, à lui seul, le colonel et ses capitaines. C'était une figure austère, à l'aspect martial; tel qu'il était, ce vieux soldat roturier, que son nom condamnait à mourir dans les grades infimes, en imposait même à ses supérieurs, par la gravité de son attitude. Il passa sans les voir, mieux encore, sans les regarder, sous les yeux de ces jeunes gens, si jeunes qu'il eût été leur père, et, d'un pas solennel, il se perdit dans le fond du village, en quête des logis préparés pour sa compagnie. Involontairement, ces messieurs s'étaient levés pour honorer ce galant homme, et comme ils étaient de braves gens au fond de l'âme, on voyait qu'il ne leur en coûtait pas de reconnaître à la face du ciel, l'autorité légitime de leur inférieur.... Un accident inattendu suspendit l'effet de cette arrivée, et fixa soudain tous les regards.

Une charrette attelée d'un vigoureux

cheval, et conduite par un rustre endimanché, descendait la côte; or cette charrette avait coupé en deux ce régiment en marche, ce qui était inexplicable et contraire à toutes les disciplines. Armés de leurs lunettes de guerre et restés debout, nos officiers cherchaient à se rendre un compte exact de cette aventure insolite, et des respects singuliers qui avaient contenu, derrière ce char rustique, un millier de soldats à cheval, qui, d'ordinaire, ne cédaient le pas à personne. Avec toute l'attention du monde, ces messieurs ne surent d'abord ce qu'ils devaient croire, et ce ne fut qu'à une centaine de pas de la *maison blanche*, qu'ils découvrirent, sur les bottes de paille dont cette charrette était remplie, une vieille dame en robe de cour, la tête enveloppée d'une mante en dentelle, un livre à la main, et les deux bras appuyés sur des coussins de soie.

Un air de calme et paisible majesté rajeunissait ce noble visage, où brillaient

deux grands yeux pleins d'une flamme
éteinte à demi. Derrière elle, assise un peu
plus haut, une personne, invisible encore,
tenait un vaste parasol, qui défendait des
ardeurs du midi, cette tête ornée de beaux
cheveux blancs. C'était un spectacle auguste
et tout nouveau.

« Maintenant, disait M. de Sassenage,
je vois pourquoi messieurs nos dragons,
bien élevés, se sont laissé couper net et dis-
tancer; mais ce que je comprends un peu
moins, c'est le motif de cette vénérable
dame, assez semblable à la reine mère allant à l'église, qui se montre à ses vassaux,
à demi couchée sur ce lit champêtre. Est-
ce une leçon? Est-ce une parabole? Ou bien
la dame ici présente a-t-elle voulu indiquer par là que son mari ou son garne-
ment d'enfant l'a mise sur la paille?... »

Comme, ainsi parlant, M. le marquis
de Sassenage parlait très-sérieusement, le
baron se pencha sur le balcon sans plus
songer à Rosalinde.... O misère, ô déses-

poir, ô quelle honte et quelle douleur !
C'était bien, dans ce chariot, son aïeule
elle-même ! Elle avait brisé son carrosse,
et comme elle ne voulait pas manquer à
cette fête solennelle de son village et de sa
maison, qui lui rappelait toutes les gloires
et tous les bonheurs de la famille, elle s'y
faisait porter en charrette, aussi calme,
et simple en sa pauvreté, qu'autrefois
dans toutes ses grandeurs. A cette vue,
Henri, poussant un grand cri de désespoir,
s'était élancé hors du balcon ; il avait franchi d'un bond l'escalier de cette maison
perdue. « Ah ! malheureux que je suis ! »

Puis, écartant la foule et courant à
sa grand'mère, il arrachait son fouet aux
mains du charretier, et, la tête nue, et
tenant son cheval par la bride, il conduisit
le rustique équipage au milieu des saluts
et des respects de la foule habituée à toutes
les déférences pour son jeune seigneur.

« Ma foi, messieurs, il faut convenir,
disait M. de Sassenage à ses amis, que ce

jeune homme est un noble cœur. Depuis bien des années je lui ai fait obstacle, et depuis bien des années il cherchait à me vaincre. Eh bien, messieurs, je suis vaincu; je conviens que, par fausse honte, je n'aurais jamais poussé si loin la piété filiale, et reconnu mes torts à la clarté du jour. »

Il parlait encore, et déjà le chariot, quittant le grand soleil, se trouvait à l'ombre effrontée de l'hôtel Rosalinde; ce fut alors que ces femmes et ces jeunes gens du balcon furent frappés d'une véritable apparition.

XVII

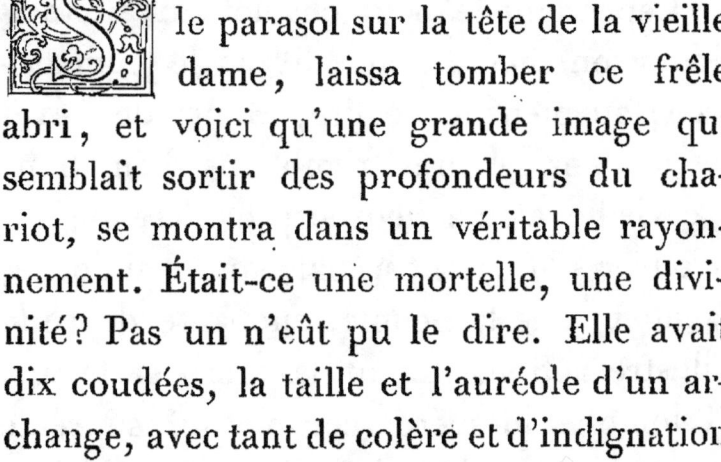OUDAIN la belle main qui tenait le parasol sur la tête de la vieille dame, laissa tomber ce frêle abri, et voici qu'une grande image qui semblait sortir des profondeurs du chariot, se montra dans un véritable rayonnement. Était-ce une mortelle, une divinité? Pas un n'eût pu le dire. Elle avait dix coudées, la taille et l'auréole d'un archange, avec tant de colère et d'indignation dans son regard, tant d'horreur dans son geste! Enfin, le doigt étendu sur Rosalinde, l'apparition sembla la maudire, et la désigner au mépris de tout ce peuple.

Ah! ce ne fut qu'un geste, un éclair, un feu qui passe... et puis le chariot rentrant dans le sillon lumineux, le parasol se posant de nouveau sur la tête de la dame aux cheveux blancs, tout disparut pour les spectateurs du balcon. De Sassenage et ses amis éblouis, se demandaient s'ils étaient le jouet d'un songe ? Ils n'avaient jamais rien vu, même en rêve, de si terrible et de si beau.

Cependant le petit chariot suivait toujours son chemin, conduit par le jeune baron; au pied de l'église, Henri de Vivès reçut dans ses bras tremblants d'émotion, sa vieille aïeule heureuse et fière de retrouver son enfant si charmant et si docile, pendant que le peuple, enchanté de cette illustre action, saluait la mère et le fils. Triomphe inespéré, consolation suprême pour la noble dame! Ses yeux humides se levèrent jusqu'au ciel pour le remercier; et quand son petit-fils eut déposé ce doux fardeau sur les coussins du banc seigneurial, la dame heureuse, et que son bonheur accablait, murmura la prière du vieux Siméon : « Et maintenant, Seigneur, vous pouvez rappeler à vous, votre humble servante.... » Une enfant, enfouie à demi sous la capeline austère des filles de la campagne, était agenouillée à côté de sa vieille maîtresse, et de sa voix pure elle répondait à l'appel de ces litanies.

L'orgue emplissait de ses cantiques les voûtes sonores; les morts couchés sous ces dalles chargées de leurs armoiries, prenaient leur part de ces fêtes de la vie; on entendait, dans le clocher réjoui, ces cloches joyeuses, les filleules des dames et des seigneurs de la maison de Vivès, qui chantaient leur antique chanson :

> Orléans, Beangency,
> Notre-Dame de Cléry,
> Vendôme! Vendôme!

De leur côté, comme s'ils eussent obéi à la double impulsion de la terre et du ciel, nos jeunes capitaines, abandonnant sans trop de cérémonie Mme Rosalinde et Mme Guillemette, entrèrent dans le saint lieu et vinrent s'agenouiller, en vrais enfants de l'Église catholique, apostolique et romaine, à côté du baron de Vivès. Toute l'assistance en fut émue ; et c'est ainsi pourtant que vous étiez faites dans les temps d'autrefois, chères nations du Midi, également disposées à la fête, à la prière, aux joies du théâtre, aux conseils de notre sainte Église !... Il y eut ce même jour, pour les hommes de bonne volonté, bien de la joie et sur la terre et dans le ciel.

Le service divin étant achevé, ces messieurs se retirèrent, en saluant profondément l'aïeule et le petit-fils ; Henri, reprenant son léger fardeau, reporta sa grand'mère sur ce qu'elle appelait désormais son trône, et comme il l'avait amenée, il la ramena aux Aigues-Vives.

« Si tu savais, mon enfant, lui dit-elle, quand elle fut bien assise en son fauteuil, que je suis fière et contente de notre double action! Je n'ai pas voulu te chagriner, sois-en sûr, ni te faire une leçon, quand je me suis rendue à l'église en si piètre équipage, mais ce jour est la fête de tous les nôtres, et j'ai promis de n'y pas manquer tant qu'il me reste un peu de vie. Il faut bien, d'ailleurs s'accoutumer tout de suite à la pauvreté qui nous attend. Je la veux honorable et forte, et que, chassés de nos domaines, nous soyons encore des seigneurs. D'ailleurs, il nous reste une terre au delà de ce côté du Rhône, où tant de dangers remplissent les eaux profondes; c'est là une retraite assurée, et, s'il plaît à Dieu, nous y vivrons paisibles, jusqu'à l'heure où, revenu tout à fait des entraînements de la première jeunesse, Henri, mon petit-fils, mon cher enfant, se rangera du parti de ses aïeux maternels, prendra la toge, et portera dignement le fardeau sacré des grandes magistratures. Pour ma part je n'ai pas d'autre rêve, et s'il vous plaît de l'accomplir, mon cher Henri, votre aïeule se trouvera récompensée et au delà de tous ces biens que nous avons perdus, et, qui sait? peut-être elle ne mourra pas sans avoir vu refleurir, à l'abri des lis, les grandeurs des seigneurs d'Aigues-Vives.

Elle ne parlait plus, que le baron l'écoutait encore : « Oui, ma mère, hâtons-nous, délivrons-nous de ces embûches; je vous obéirai comme un fils dévoué et repentant. »

Donc, la belle fin de ce grand jour se passa doucement, entre la douairière et son petit-fils; puis Jeannette, assise à sa place accoutumée, et servant l'un et l'autre avec une joie, un contentement.... le souriant des Aubiers vint, après le repas, dans son habit de fête.

« Ami, disait-il au jeune baron, on m'a dit tout à l'heure vos grands triomphes; chacun vous célèbre et vous bénit dans le village de vos pères, et si vous alliez ce soir à l'assemblée....

— Allez-y, mon enfant, dit l'aïeule.

— Avec votre permission, ma mère, je reste avec vous tout ce soir, reprit le baron; j'en ai assez de ce tapage et de ces plaisirs; si j'avais encore à mon doigt cette bague que j'ai.... si misérablement perdue, à cette heure encore, je serais le jeune homme que j'étais naguère! » Et d'un regard attristé, il regardait sa main dépouillée de son prestige. Pas un des trois personnages qui l'écoutaient, ne sembla comprendre la douleur de ce jeune homme, et sa grand'mère et le chevalier se regardèrent avec un sourire, comme s'il eût perdu quelque bijou d'un prix médiocre.

Lui, de son côté, s'arrêta, en rougissant d'avoir tant parlé, comme un enfant pour être si peu compris.

Maintenant, revenons à la fête. On vous a déjà dit qu'elle avait attiré de très-loin les jeunesses, les beautés, les coquetteries d'alentour. Sous le grand roi, chaque cité qui vivait loin de Versailles, était un petit royaume à part, qui avait ses lois, ses coutumes et ses usages plus anciens que la monarchie; et, pourvu que la ville, à certains jours, célébrât la fête du roi, ou la naissance d'un dauphin, elle se gouvernait et surtout s'amusait à sa guise. On était si loin de l'œil du maître, il fallait souvent quinze jours pour qu'un ordre arrivât de Versailles! Même en ces moments de monarchie absolue, et dans ce vaste royaume, il arrivait souvent que plus d'un petit peuple était oublié.

En payant l'impôt, en suivant la religion du maître, en tirant à la milice, en faisant peu de bruit, sinon le bruit des guitares et des sonnets amoureux, chaque bourgade était sa maîtresse, et le plus petit village était roi, sous la loi de son seigneur.

Donc après la messe, et les vêpres étant dites, notre aimable bourg des Aigues-Vives se préparait à la danse, et déjà, sous le vaste abri d'une tente occupant la place entière, accouraient, lestes et pimpantes, dans leur habit national, les plus jolies filles de la province. Il en venait du pays lyonnais, des montagnes du Dauphiné, des bords de la Durance, des coteaux de Mâcon, des villages du Vivarais.

Il y avait des Condriotes, à l'œil bleu comme leur fleuve, il y avait des Arlésiennes, dignes filles des Romaines qui s'étaient mariées à l'ombre du Colysée, aux temps de César. C'était une joie, un petillement, une animation sans égales, aux flambes de ces grands yeux! Voilà de tes bienfaits, jeunesse! Esprit, beauté, santé, bonne humeur, espérance! Aussi bien nos jeunes officiers, quand ils se furent acquittés de leurs devoirs militaires, et qu'ils eurent changé leur uniforme contre l'habit des gentilshommes de la chambre du roi, se rendirent au lieu de la fête, assez semblables au lion qui tourne autour de la bergerie en cherchant sa proie.

Ils avaient déjà vu bien des réunions des plus belles personnes de la ville et de la cour, mais rien de plus splendide ne s'était montré à leurs yeux éblouis. La vaste salle était ornée de pampres verts ; sur l'estrade aux musiciens, rebecs, flûtes, violons et tambours se mettaient à l'unisson. Les dames de la ville allaient et venaient, Olympe en tête, et les regards de ces dames ne se détournaient pas des regards de ces petits-fils de Turenne et d'Alexandre le Grand, auxquels les jeunes artisanes, occupées ailleurs, ne songeaient pas le moins du monde. A chaque instant, la fête annoncée allait s'augmentant d'un nouveau venu du Royal-Dauphinois qui envoyait à ce bal champêtre ses cavaliers les plus lestes. Les plus humbles officiers de cette belle troupe, et même le vieux lieutenant, qui en était le véritable chef, attendaient le signal de la danse.

Cependant ces dédaigneuses, l'œil aux abois, sans s'inquiéter de l'attention dont elles étaient le légitime objet, prêtaient une oreille attentive aux bruits du dehors ;

chacune d'elles attendait sans nul doute, un danseur qui devait venir; depuis huit jours, tout autant, sa main était promise, et c'est en vain que messieurs les soldats et messieurs les sergents faisaient la roue autour de ces belles; elles semblaient ne pas les voir.

« Lieutenant, disait M. de Sassenage au vieux soldat, je ne sais pas ce qui nous menace ou nous attend; mais convenez que nous faisons une bien médiocre impression dans l'esprit de ces précieuses.

— Mon colonel, reprenait l'officier, c'est le respect qui les retient; attendez encore une heure, et ces demoiselles viendront vous inviter à la danse; quant à moi.... je ne m'explique pas, mais je suis pourvu. »

A ces mots, un flot de danseurs se précipita dans la tente envahie, et Dieu sait s'ils furent reçus par des cris de joie. « Ah! disaient les fillettes, les voilà! » Puis elles criaient, battant des mains : « La *fa-*

randole! » Et l'on put voir chacun de ces danseurs que le Rhône avait apportés tantôt, de Lyon, de Vienne et de Condrieux, de Chavanay et de Pelussin, de Macla, d'Ambérieux, de Frangis, de la Lutinière et du Cornillon, de Saint-Pierre et de Malleval... ces mariniers que le même flot devait rendre, à minuit, aux flots de la Méditerranée, en un clin d'œil reconnaître et retrouver sa danseuse.... Bientôt ces jeunes gens, liés l'un à l'autre par des bouts de rubans, par des liens de fleurs, sortirent en chantant de la salle du bal ; un garçon marchait devant, venait ensuite une fillette, André menant Thérèse, Auguste accompagnant Jeanneton. Figurez-vous une chaîne où tout chante, où tout sourit, qui marche au son des flûtes douces, au bruit des tambourins, allant, venant, repassant, à la façon d'un arc de triomphe ailé.

La farandole entière avait disparu à travers les saulées; elle n'était plus qu'un bruit dans l'espace, un rire emporté dans le nuage.... Nos soldats ébahis et restés seuls sur cette arène, en étaient à se demander si ces jeunes gars ne s'étaient pas moqués du Royal-Dauphinois?

« Quant à moi, messieurs, je ne m'explique pas, mais je suis pourvu! » s'écriait M. de Sassenage, en faisant le gros dos, et contrefaisant son lieutenant Belleporte qui jurait comme un païen.... La farandole une fois lâchée, en avait pour trois ou quatre heures avant que ces demoiselles eussent reconduit leurs infatigables danseurs sur leurs bateaux, sur leurs radeaux, sur leurs îles flottantes. Alors c'étaient des adieux, et c'étaient de loin des baisers échangés, renvoyés, que le fleuve emporte et rapporte au retour! Ainsi, soudain, comme une poussière, on vit se dissiper ce tourbillon de fillettes, oublieuses des cavaliers armés, éperonnés, bottés, et peu faits à suivre au vol ces papillons de la plaine et du mont.

Jamais, au grand jamais, le Royal-Dauphinois n'avait subi défaite plus inattendue et plus entière; même la chronique, en cette occasion, vous dira que le lieutenant Belleporte, en son humeur de chat sauvage, mit aux arrêts tous ses caporaux, sergents et maréchaux des logis. « Messieurs, dit le colonel, à la guerre comme à la guerre, et que ceci nous serve à l'avenir d'une leçon de modestie. » Et du même pas, ces marquis désappointés revinrent chez Rosalinde et chez Guillemette, bien contentes de les revoir. Un simple reversis acheva la soirée, et l'on se sépara d'assez bonne heure, en songeant aux plaisirs, que disons-nous? à la fête du lendemain.

Le lendemain, sur le midi, entrait au château des Aigues-Vives, ce même maréchal des logis que nous avons déjà entrevu dans la salle basse de la *maison blanche*. Il s'était fait superbe, pour apporter le message de son colonel au baron de Vivès. Ce message était une invitation : *primo*, au repas que donnait M. de Sassenage aux dames de la ville, et, *secundo*, au spectacle de ce même jour. Le billet était tourné d'une amicale façon ; s'excuser n'était pas possible. Pendant que notre baron répondait à M. de Sassenage, un serviteur de la maison s'en vint pour trinquer avec le brigadier-recruteur. Celui-ci, qui avait toujours soif, ne se fit pas prier ; puis quand il eut bu, et salué son verre :

« A nous deux, maintenant, dit-il au jeune valet qui le servait. Ne vous souvient-il plus, mon jeune maître, que vous et moi, nous avons une légère affaire à régler ? Je tiens là, dans ma poche, un bel engagement de Dieu, signé Nicolas Laviron, qui vous engage au service du Royal-Dauphinois, pour dix années. Voici maintenant que l'heure est venue : en avant, marche ! Il faut partir, un bon sabre, un bel uniforme, un bon mousquet sur ton épaule : Une ! deux ! En joue, et feu, morbleu !... » A ces mots, vous eussiez vu pâlir et trembler le malheureux Nicolas Laviron.

Depuis le jour où il avait signé ce fatal contrat, dont il avait mangé le produit net avec messieurs les comédiens, avec mesdames les comédiennes, il avait oublié cet engagement comme on oublie un mauvais songe. Ah! misère! il faut partir! Il faut dire adieu à ces vallons, à ces prairies, à la vigne, au ruisseau, aux bêlements, aux mugissements de là-bas. « Buvons encore un coup, mon garçon, pour te remettre, et va-t'en voir si ton maître a fait sa réponse à notre colonel. »

Quand le malheureux Nicolas se présenta dans la chambre de la douairière, où le baron fermait et cachetait sa lettre, ces bonnes gens furent frappés de la pâleur de son visage. Hélas! le pauvre hère, avec des larmes dans la voix et dans les yeux, racontait à sa maîtresse, à son jeune seigneur, comment, pour avoir porté des fleurs à madame Rosalinde, il était tombé dans les piéges de ce maudit recruteur. A genoux aux pieds de la dame, il l'implorait!

Celle-ci, toujours bonne et souriante, eut pitié de cette misère et répondit simplement :

« C'est le droit de ma seigneurie d'exempter du service mes deux bouviers et mon tra-bouvier ; c'est le droit de ma *fortune* (elle appuya quelque peu sur ce mot « fortune ») de racheter un malheureux, qui s'est perdu, rien que pour avoir côtoyé les mauvais sentiers frayés par l'oncle Antoine, et pour avoir touché les murailles de son théâtre. Allons, Nicolas, relevez-vous, et toi, mon fils, conduis ma main, je veux écrire une lettre à ce jeune colonel de si bonne compagnie. »

A ces mots : « conduis ma main, mon fils ! » Nicolas sentit son cœur se serrer sous le remords ; il se rappelait, comme si c'était hier, qu'il avait fait rire ces avaleurs de pois gris, en contrefaisant le geste et la voix de sa bonne maîtresse : « Aide-moi, conduis-moi, mon fils ! » Alors, essuyant de sa main tremblante son front plein de sueur, ses yeux pleins de larmes, il redevint un homme, et, d'une voix assurée, il dit qu'il ne valait pas la peine que sa dame et seigneuresse prît tant de souci d'un ingrat tel qu'il avait été. Il expliqua à la dame étonnée, comment il avait fait un jouet de cette main endolorie. « Et c'est pourquoi, reprit-il, je ne veux pas que cette main bénie écrive un mot pour sauver Nicolas Laviron. Oui, madame, à mon crime, il faut une peine ; s'il vous plaît, je servirai le roi ces dix années, puis je reviendrai à ma charrue, après ma faute expirée, et j'aurai encore trente années à manger le pain de mon maître. »

Il dit cela très-bien, d'une voix ferme, et le jeune baron, lui posant la main sur l'épaule :

« C'est bien dit ce que tu dis là, mon garçon, c'est bien fait ; sans doute, il était écrit qu'un soldat sortirait encore du château des Aigues-Vives ; tu seras ce soldat, et de loin, nous veillerons sur toi. »

Nicolas, tout glorieux, s'en vint retrouver le maréchal des logis, et, lui remettant la lettre du baron :

« C'en est fait, lui dit-il, je serai soldat, mais, s'il vous plaît, mon maréchal, laissez-moi encore tout un jour. »

M. le recruteur, ayant accédé à la prière de Nicolas, s'en fut au petit trot de son cheval, porter une invitation du colonel au chevalier des Aubiers.

XVIII

C'était dans la maison habitée par le bonhomme Durbec et dans sa vaste salle à manger toute dallée en pierres noires, au bruit d'une fontaine qui ne se taisait ni jour ni nuit, que le marquis de Sassenage attendait ses invités et ses invitées, à savoir le dessus du panier de la bourgeoisie et de la petite noblesse, avec cette attention, à laquelle il ne manquait guère, de n'inviter que les jeunes et beaux visages. Au premier rang de ces dames, il faut compter la belle Olympe de Bardy, triomphante, et conduisant à sa suite, son fidèle serviteur le chevalier de Montagnac. Des châteaux voisins, étaient accourues quelques jolies châtelaines, attirées plus encore par le spectacle annoncé, que par ce dîner de grande cérémonie; une ou deux, mariées à des maris prudents manquaient à l'appel, mais comme on allait se mettre à table, un valet annonçait à haute voix : « La comtesse Laodice ! » Et jugez de l'étonnement *de ces dames et de ces messieurs,* lorsqu'ils virent entrer d'un pas solennel, la mouche à la joue, et l'éventail à la main, une belle dame inconnue, au fin sourire, et si mignonne et si galante ! Toutes les dames en furent inquiétées, tous les hommes se demandaient : quelle était cette inconnue ? En quels lieux ils l'avaient vue ? Il n'y eut pas jusqu'à M. de Sassenage à qui cette belle mine et ce galant visage ne donnassent à penser. « Laodice ! Où donc ai-je pris cette Laodice?... » Et le voilà offrant son bras à l'inconnue, et laissant au baron de Vivès, Olympe à conduire. Ainsi Laodice eut la place d'honneur, et ce fut seulement quand elle se prit à sourire, à sa fossette, à ses dents blanches, que l'on reconnut Guillemette. Ah! la comédienne! et comme elle jouait ce rôle de grande dame! Elle écoutait curieuse; elle répondait charmante; elle parlait de ses paysans, de ses vassaux, de ses jardins, de ses livrées. Elle agitait, avec tant d'art, des mains dignes de la Place-Royale; elle déploya tant d'esprit, parce qu'elle savait que l'esprit est tout-puissant sur les honnêtes gens.

Si bien que, grâce à Guillemette inconnue et présente, le repas fut gai, plaisant, de bon goût. Les dames, obéissantes à l'entrain de cette prime-sautière, oublièrent le ton sérieux de leur prud'homie, et les jeunes gens que cette grâce excitait à bien dire, eurent des mots et trouvèrent des réparties. Il n'y eût pas jusqu'à M. le cornette de Montagnac, très-empressé auprès de la comtesse Laodice, qui ne lui débitât des madrigaux, sans songer que la belle Olympe était là pour les entendre; pendant qu'Olympe, de son côté, oublieuse du Montagnac, se sentait reprise, ou peu s'en faut, pour ce jeune Henri de Vivès qu'elle avait tant aimé toute une heure, et qui s'était enfui si loin de sa courtoisie et de sa beauté.

Que disons-nous? Ce ne fut pas sans un serrement de son cœur que le baron se vit si près d'elle.... O dieux et déesses, quelle différence entre Olympe et Rosalinde! Celle-ci avait dix ans de moins que celle-là ; la jeune Olympe était blanche et rosée, avec tant de bonheur sur sa figure épanouie au souffle heureux de ses vingt ans! Cependant, à l'extrémité de la table carrée, aux dernières places, se tenait silencieux et buvant sec, le lieutenant Belleporte. Il mangeait comme un affamé, il regardait comme un amoureux. Ses yeux étaient fixés, justement sur la belle Laodice; il l'avait choisie entre toutes, comme la plus charmante, et volontiers il s'abandonnait à l'attrait de cette muse aux belles dents.

« Par Vénus, si j'étais seulement le *chevalier* de Belleporte, et si j'étais seulement capitaine, elle n'aurait pas d'autre amoureux que moi, cette belle Laodice ! »

Ainsi se passa le repas, dans un pêle-mêle ingénieux de fleurs, de bon vin, de bons mots, de tendres soupirs, chacun des convives content de soi-même et des autres, les dames se trouvant très-belles, les hommes se jugeant irrésistibles. Dans la rue allait la foule, ardente au spectacle attendu. Après le dîner, comme on sortait de table, il arriva, sans doute par inadvertance, que le marquis de Sassenage offrit son bras à la belle Olympe, et par hasard, ce fut M. Belleporte qui conduisit au salon la divine Laodice. Il eût gagné la bataille de Steinkerke, il n'eût pas été plus fier de sa victoire. Son colonel, pour augmenter sa joie, eut la bonté de le féliciter : « Pour ma part, je ne m'explique pas ! » C'est justement ce que se répétait tout bas le galant Belleporte.

Maintenant qu'il s'était emparé de Laodice, il n'était pas homme à lui rendre son libre arbitre; il l'eût disputée à un maréchal de France, cousin du roi.

Ce fut en ce moment que cette belle société qui n'attendait plus que le signal du départ, vit entrer, en piètre habit, trois jeunes gaillards de bonne apparence, en dépit des guenilles qui les couvraient. Après trois grands saluts dessinés selon toutes les règles de l'art : — Monseigneur, disait le premier de ces nouveaux venus à M. de Sassenage, ayez la bonté de nous entendre, et d'écouter nos justes réclamations. Le chevalier que voici doit représenter ce soir, sur votre théâtre, l'amant de la comtesse d'Orgueil; il ne lui manque guère, vous le voyez, qu'un justaucorps, un habit, des bas de soie et des boucles d'or, plus l'aiguillette à l'épaule, la cravate en dentelle, le plumet au chapeau, la montre au gousset, et dans sa poche un peu d'argent pour jeter honorablement sa bourse à Mélite, à Lisette, à Béatrix, sans oublier les talons rouges. Cet autre garçon que vous voyez dans une attitude un peu moins fière, est un certain La Montagne, valet de chambre et confident de don César d'Avalos. Ce brave La Montagne est tout nu, sauf votre respect, monseigneur. Accordez-lui, s'il vous plaît, un de vos habits de livrée, et vous verrez comme il est gai, plaisant, badin, estimé des servantes, sachant porter à merveille le linge et les habits de son maître.

Et quant à moi, monseigneur, moi, Ragotin, je représente ici le poëte, le faiseur de comédies et le chanteur de ponts-neufs, avec accompagnement de mandoline. Je suis homme à jouer de l'épée et de la prunelle, à danser la sarabande, à donner des sérénades aux Dorothées, à porter un billet doux pour peu que l'on m'en prie avec grâce, à courtiser les comédiennes, pour mon propre compte, à vous expédier sur le théâtre un sonnet, un matamore, un chapon et deux perdrix. Je charme et je plais, voilà mon rôle, et c'est pourquoi je vous prie en grâce de m'habiller en honnête homme, écouté des honnêtes gens.

Un de vos habits du matin..... celui que vous portez, avec un portrait en émail sur une tabatière d'or ; plus un peu de beau linge, blanchi et parfumé *secundum artem*, suffiront à changer le pauvre hère que voici en un véritable enfant d'Apollon, seigneur du Pinde, accepté des meilleures villes du royaume de France. Et si par malheur pour l'art dramatique et pour nous, vous trouviez, monseigneur, que c'est trop exiger de vos bontés, interrogez, s'il vous plaît, Mme Laodice, et lui demandez si des croquants tels que nous, vêtus des habits que voilà, peuvent s'agenouiller devant tout le monde, aux genoux divins de Mme Rosalinde, de Mme Guillemette, et autres tyrans des cœurs, dans l'église de la galanterie?

Ayant ainsi parlé, le drôle attendit de pied ferme une réponse, et tout de suite, en effet, le marquis de Sassenage ordonna, pour ces messieurs, chausses, hauts-de-chausses, pourpoints, vestes d'or et d'argent. En dix minutes, ces trois déguenillés revinrent dans le salon doré, parés et réparés comme autant de Cupidons déchaînés dans les poëmes des deux Corneille et du jeune Poquelin.

Transformation complète! Pas un n'eût reconnu sous ces riches costumes, Ragotin, le beau Léandre et Fier-à-Bras. Le plus étonné de tous, c'était le lieutenant Belleporte : « On porterait les armes à ces gaillards-là! disait-il à la comtesse Laodice, pour peu qu'on ne les connût pas.... » Laodice en riant, prit le bras du conquérant Belleporte, et suivie à distance, il est vrai, par ces marquis et ces La Montagne de fraîche date, elle gagna, plus semblable à la Reine des Amazones qu'à Lisette, ce fameux théâtre, où, sur une affiche immense, était écrit, en grosses lettres, le spectacle du soir :

PAR ORDRE.

« Messieurs les comédiens ordinaires et valets de chambre du Royal-Dauphinois donneront, le soir, *l'Inconnu*, comédie en trois actes, mêlée d'ornements et de musique, par M. de Corneille le jeune, et *le Baron d'Albikrac*, comédie en trois actes, en vers, du même auteur. »

Une suite d'arabesques représentant l'image du baron d'Albikrac, assis dans son fauteuil, entre Angélique et Lisette, accompagnait cette affiche splendide, et c'était déjà un spectacle, de contempler cette mosaïque aux grands aspects.

Plus on approchait du théâtre, et plus la foule était grande. Il y avait déjà près d'une heure que messieurs les soldats et sous-officiers du Royal-Dauphinois remplissaient le parterre, assez semblable à la houle de l'Océan quand le vent l'agite.

Au premier rang des loges, à la galerie, à toutes les places d'où l'on pouvait bien voir et surtout être vues, étaient assises les artisannes, ces mêmes beautés et ces grâces qui avaient été si déplaisantes, la veille encore, pour ces cavaliers sans malice et sans fiel; mais il faut dire aussi que ces dames obéissantes au remords de la farandole et de leur mauvaise action, dédommageaient ces héros, dédaignés la veille, par des regards tout remplis de promesses.... Une autre scène attendait le marquis de Sassenage au seuil de la comédie. A peine il avait mis le pied dans le vestibule, que M. Ragotin, en sa qualité de semainier, prit des mains de La Montagne un chandelier d'argent à deux bougies, et se mit à marcher devant le marquis, à la façon du fameux comédien Baron, lorsqu'il jouait à Versailles, et qu'il conduisait le roi jusqu'à sa loge.

Or, cela fut fait de si bonne grâce et d'un si grand sérieux, que le marquis tourna la tête pour voir l'effet que produisait sur son entourage un si rare et si charmant honneur. Ils en riaient tous : M. de Virieu applaudissait, M. de Cochefilet saluait, M. de Boissieu et M. de Montagnac suivaient, chapeau bas.

Henri semblait content de voir l'attention publique se reporter tout entière sur M. de Sassenage. Une seule figure était toute bouleversée et c'était, encore une fois, ce malheureux lieutenant Belleporte. O malheur! Il tenait tantôt sa Laodice, il la voyait souriante, il la sentait doucement appuyée à son bras, cette fois, décidément, elle était sienne.... et voici tout à coup, comme un génie invisible, que la comtesse Laodice a disparu! La fumée est moins prompte, l'oiseau est moins léger! A l'aspect de son lieutenant désappointé, le colonel ne put s'empêcher de sourire :

« Et quant à moi, monsieur, je ne m'explique pas, mais je suis pourvu!... » Telle fut leur entrée, et selon l'usage des plus grands théâtres, ces messieurs furent s'asseoir, les uns et les autres, de chaque côté de la scène sur des banquettes ornées de crépines d'or, afin que chacun les pût contempler tout à l'aise, en perruques blondes, faisant la belle jambe.... et des distributions de sourires à toutes les filles, à toutes les dames. A la fin, quand ils furent bien assis, bien posés en espalier, bien gênants pour les comédiennes et pour les comédiens, le spectacle commenca.

Cette comédie intitulée : *l'Inconnu*, n'était guère qu'un prétexte à montrer deux belles décorations, dans lesquelles Thalie, une muse, Apollon, un génie, et Comus, le grand maître des festins, se disputent à qui donnera le plus beau régal à la comtesse d'Orgueil. La comtesse est une jeune veuve, entourée à bon droit de toutes les fêtes de la vie : amours, plaisirs, beautés, et voici la chanson que Floridor lui chantait :

> Amants qui vous rebutez
> De la fierté d'une belle,

> Aimez, souffrez, méritez,
> La constance vous appelle
> Aux grandes félicités.

Naturellement Rosalinde représentait la belle amoureuse, et sa beauté gagnait tant d'éclat aux lumières, sa belle humeur était si plaisante, elle riait d'un si beau rire, elle disait si bien toutes ces choses folles, enivrées d'ambroisie et d'amour :

> Si c'est être coquette, au moins quoi qu'on en croye
> C'est l'être de bon sens, et vivre pour la joye.
> Chacun cherche à me plaire, et ne promettant rien,
> Je fais amas de cœurs, sans engager le mien.

que sur ma foi! soldats et capitaines, fillettes et garçons, s'abandonnèrent sans résistance, au contraire avec joie à toutes ces belles grâces. Nous vous avons dit qu'elle était comédienne ; elle avait au plus haut degré le hasard, l'inspiration, la chose inventée et trouvée à l'instant même. Ah! qu'elle était habile à modérer ses regards pour ces jeunes gens assis sur les banquettes, et si près d'elle qu'ils pouvaient toucher les franges de ses gants parfumés ! Qu'elle était adroite à lancer au loin l'œillade amoureuse ! Elle était flamme ici, elle était incendie au parterre ! Elle chantait ; sous ses lèvres de sirène accouraient toutes les mélodies.... Enfin, quand elle fut à bout de tant de séductions, le marquis de Sassenage fut la retrouver dans la coulisse, et lui récita ces deux vers du dialogue, en lui donnant un beau diamant qu'il portait à sa main droite :

On dit plus qu'on ne sent, mais je veux à mon tour
    Faire un présent à la jeunesse.

Elle prit la bague, elle la baisa, et tirant de son doigt la petite opale attristée, elle l'offrit en revanche au jeune homme avec un regard qui n'avait rien de cruel :

J'accepte ce rubis, attendez l'heureux jour
    Où vous saurez pour qui je m'intéresse.

C'était en dire assez à des oreilles délicates ; le marquis triomphant revint à sa place, et bientôt la fiancée du baron d'Albikrac se montra toute-joyeuse à son tour et toute parée, au bruit des grelots de l'esprit gaulois. Cette comédie au gros sel, comme on les aimait autrefois, quand tout semblait bon pour le rire, appartenait surtout à Lisette-Guillemette, et Lisette en sa jouvence agaçait tout ensemble Oronte et Filipin, Léandre et la vieille tante : *Ah! beauté-bisaïeule !* Lisette allait, venait, attaquait, répondait ! Elle disait si bien :

Étant vieille, l'on n'a que les amants qu'on paye !

Enfin c'était miracle à l'entendre, et de la voir, tournant autour de Rosalinde qui représentait Angélique amante d'Oronte. Ici Guillemette, encore une fois, prenait sa revanche de Rosalinde. Et plus Rosalinde allait s'attristant, plus Guillemette allait récitant joyeuse et contente ces heureuses impertinences de la jeunesse. Il fallait voir en ce moment le lieutenant Belleporte ad-

mirant, écoutant, regardant, hésitant; et
quand il se fut bien assuré que Lisette et
la comtesse Laodice étaient la même personne, il sentit je ne sais quelle joie amère
de cette beauté sitôt perdue et sitôt retrouvée. O Mars, dieu des combats, savez-vous que dans un transport d'admiration,
votre ami Belleporte se mit à crier en battant des mains : « A moi, cavaliers du
Royal-Dauphinois ! » Cet appel au parterre eut un succès formidable, et toutes
ces mains vaillantes applaudirent à tout
rompre. Jamais Guillemette n'avait rêvé
un succès plus unanime, et si contente elle
était, que dédaigneuse à son tour de M. de
Sassenage, elle eut le regard le plus tendre
et le plus reconnaissant pour ce vieil officier en cheveux blancs, qui commandait à
tant de claqueurs. Sur quoi Belleporte, heureux et triomphant, se prit à dire en faisant
le gros dos, et comme un défi porté à son
colonel : « Pour moi, je ne m'explique
pas, mais je suis pourvu ! »

Cet aimable incident termina dignement la fête. Ils s'amusaient de peu, nos grands-pères; pourvu que le poëte eût beaucoup d'esprit, que la comédienne eût beaucoup de gentillesse, et que les comédiens fussent tout à fait charmants, ils étaient contents.

Vous avez vu souvent, à la fin d'un spectacle intéressant, certains spectateurs insatiables que rien ne pouvait décider à déguerpir. C'est en vain que la pièce est achevée; il leur semble qu'il y manque toujours quelque chose, et s'ils finissent par quitter cette place où ils sont si bien, c'est que la rampe est abaissée, et que le lustre est éteint. Tels étaient nos cavaliers du Royal-Roussillon à la dernière scène du *Baron d'Albikrac*; ils restaient cloués au parterre, et le lieutenant Belleporte s'y prit à deux fois, pour commander la retraite. Ces furieux de spectacle et de bonnes-fortunes ne pouvaient pas quitter les spectatrices des galeries, autant de flammes qui se reprochaient déjà des œillades un peu vives sur ces cœurs brûlés de mille feux ; et comme ces bergères étaient venues cette fois, sans leurs bergers, elles tremblaient de tomber au sortir du théâtre, sous la dent des loups ravisseurs qui les attendaient dans la rue. Heureusement pour leur repos, le bon lieutenant comprit leur trouble et les tira de peine.... Il fit ouvrir discrètement sur le théâtre, une porte à l'usage des gens de service, et par cette porte ouverte sur la campagne, défilèrent en grand silence et sur la pointe du pied, nos coquettes de village. Or pendant que leur proie, ainsi s'échappait pour la seconde fois, nos dragons impatients occupaient chaque côté de la rue en criant : *La farandole !* A leurs dépens, ils avaient appris la farandole, et ils n'étaient pas fâchés d'entrer en danse à leur tour.

Peu à peu, l'attente augmentant les passions qui grondaient au fond de ces bonnes âmes que la poésie et la déclamation, la musique et les beaux yeux, la danse et les tendresses de la Muse aux pieds nus avaient exaltées au delà de toute mesure, une certaine irritation se fit sentir parmi ces soldats peu disciplinés et mal commandés par des jeunes gens qui leur donnaient l'exemple de tous les courages, de toutes les insolences et de tous les vices.

Colonel et capitaines, le lieutenant lui-même, qui représentait d'ordinaire à lui seul, la discipline et le bon sens du régiment, ils ne se gênaient guère, ce soir-là surtout, pour suivre en riant les jupes brodées, et la Rosalinde et Guillemette et la belle Olympe avec toutes ces jeunes bourgeoises, prêtant l'oreille aux fleurettes des jeunes seigneurs, eurent bientôt disparu dans l'ombre, et cédé la place aux dragons.

Restés seuls dans la rue, et cette fois maîtres du théâtre, les dragons impatients voulurent savoir pourquoi donc à leur tour ne sortaient pas les artisannes dont les yeux leur avaient fait, tout le soir, tant d'avances? O rage, ô désespoir! Dernière et plus cruelle déception!... Ils trouvèrent que le théâtre était vide! Alors à la lueur des chandelles expirantes (le machiniste avait oublié de les éteindre), ivres et furieux d'être ainsi déçus dans la revanche qu'ils voulaient prendre, ils s'entendirent d'un regard, pour laisser en ce lieu maudit une trace ineffaçable de leur passage.

Ah! c'étaient de rudes gaillards, élevés par M. de Louvois à renverser les murailles, à briser les maisons, à détruire en un clin d'œil, même les temples sacrés. Plus d'un avait eu sa part dans les ravages du Palatinat; plus d'un avait fait la guerre de Trente ans. Alors les voilà en grand silence, excités par ce parfum de mille passions dont l'atmosphère était remplie, qui brisent tout le théâtre à huis clos; ils brisent avec zèle, avec méthode et chacun de son côté.

C'en est fait, les tentures sont déchirées,

les décorations tombent en lambeaux, les boiseries ne sont plus que poussière ; ils n'épargnent ni le trône du Roi, ni la maison du Géronte!

Holà! jusqu'aux voûtes du *paradis*, elles tombent sous les mains de ces furieux.

XIX

Muse des ravages et des dévastations, racontez-nous à voix basse le silencieux attentat de ces dragons déchaînés qui ne peuvent se consoler du départ clandestin des Arlésiennes et des Condriotes ! Il y avait dans cette émeute à petit bruit, des gaillards qui auraient pulvérisé de leurs mains les piliers de Notre-Dame de Paris : Bel-Amour, Tardu, Cadet, Voisemon, Toucé, Dumont, Chenan, Vannier, Fleur d'Épine. Ils s'attaquaient tout ensemble à l'orchestre, au parterre, aux dix grandes loges, aux archivoltes. Saint-Joseph, Fabre, et

Bigant renversaient les colonnes à droite; Lacour, Lafage et Cadet le Grand, ébranlaient les colonnes à gauche; Gauffret, Violet, Doré, Viennet, en leur qualité de sapeurs, achevaient tout le reste, accomplissant un chef-d'œuvre de destruction. Tout cède à cette rage intime, et si, soudain le frêle et léger monument, bâti par l'oncle Antoine, n'eût pas oscillé et fléchi sous le poids de ces sauvages, ivres de leur tâche, ils restaient tous écrasés sous ces décombres.

Nous avons déjà raconté que depuis l'accident arrivé à l'oncle Antoine, le malheureux théâtre était étayé au dehors par de longues poutres qui le défendaient de sa ruine.... ces étais mêmes et ce même soir, furent enlevés par des mains invisibles; on sut plus tard que cet achèvement de la ruine avait été entrepris par le jeune Nicolas Laviron avec l'aide et la complicité des meilleurs serviteurs du château des Aigues-Vives, les hardis compagnons qui avaient brisé le carrosse de la douairière.

Tout cet anéantissement d'un si frêle édifice en proie à tant de fureurs, s'accomplit en moins de temps qu'on n'en met à le dire. — On n'en vit rien dans le bourg tant le ciel était noir ; à peine si quelques bruits sourds vinrent aux oreilles des plus proches voisins qui les prirent pour le bruit lointain du tonnerre. Quant aux Rosalindes, aux Guillemettes, aux beaux diseurs de la bande joyeuse, pas une, et pas un ne se douta du grand événement de cette nuit des vengeances. Enfin leur tâche accomplie et leur rancune satisfaite, ces ravageurs silencieux rentrèrent dans leur quartier comme de petits saints. Ainsi le Rhône, un vrai torrent, lorsque après avoir tout dévasté sur son passage, emporté l'étable et la maison, l'arche et le pont, le berger et le troupeau, rentre innocemment dans son lit.

Sur l'entrefaite, les deux héroïnes, un instant les deux rivales, Rosalinde et Guillemette, arrêtées sur le seuil de la *maison blanche*, avaient cherché d'un regard inquiet le marquis de Sassenage. « Il est à moi! » se disait Rosalinde. « Il m'appartient! » se disait Guillemette. Or le marquis, en ce moment, ne songeait pas plus à celle-ci qu'à celle-là. Il avait rencontré dans la foule, au détour de la rue, à l'endroit où commençait le carrefour, la même image au regard plein de feu, au geste menaçant, qui lui était apparue le jour même de l'arrivée, au balcon de la *maison blanche*.... Il en était encore ébloui.

Sans doute il avait oublié cette étrange apparition au milieu de tant d'émotions imprévues, mais la retrouvant seule, à cette heure, à pied dans cette ombre à peine éclairée, et qui d'un geste impérieux lui commandait de la suivre, il la suivit, non pas sans une certaine émotion voisine de la peur. Le fantôme allait doucement, lentement, sans un seul bruit de sa robe aux longs plis, et, quand il eut dépassé le rond-point qui conduisait sur la rive gauche, à savoir, la rive entièrement déserte et mal famée, il s'arrêta.

Le marquis, très-étonné, attendit que cette ombre en peine expliquât son ordre absolu :

« Marquis, dit-elle enfin d'une voix nette et brève, nous devions nous rencontrer trois fois sur cette terre : hier tu m'as vue, aujourd'hui je te parle, et demain je te dirai ce que je veux de toi. Donc je t'attends demain, ici même, à midi, et je vous honore assez, monsieur, pour être sûre que vous viendrez.

— J'y serai, reprit le marquis; mais tu me dois un témoignage, et, pour que je t'obéisse, il me faut un signe irrécusable de ta féerie.

— Aussi vrai, reprit la voix, que demain, à ton réveil, tu ne retrouveras pas pierre sur pierre en ce théâtre infâme qui est un piége à la chasteté des filles, à la vertu des femmes, à l'honneur des maris.... tu obéiras à mon rendez-vous! »

A peine elle achevait de parler, un faible rayon de la lune, qui avait percé le nuage, disparut, et laissa dans la nuit profonde le fantôme et le paysage d'alentour. Le marquis, tout rempli d'une terreur secrète, eut grand'peine à retrouver le logis de Durbec, son hôte. Il lui semblait que la vision le poursuivait, et, quand la porte enfin se referma sur lui, que vous dirais-je?... il respira plus librement.

Cette nuit même, et sous le toit de la *maison blanche*, devait s'accomplir tout un drame. Henri de Vivès, poussé par la jalousie, et peut-être aussi par un reste d'orgueil victorieux d'un reste d'amour, s'était dit qu'après tout, cette Rosalinde, qui lui avait pris en si peu d'heures sa fortune, sa vie et son honneur peut-être, ne valait pas la peine d'être disputée, et qu'il la laissait volontiers à qui voulait la prendre. Il avait donc suivi son cousin des Aubiers, qui lui offrait l'hospitalité dans son petit castel; mais ils étaient à peine à cinq cents pas de la *maison blanche*, et marchant botte à botte, avec la précaution de gens qui ne voient pas leur chemin, que des Aubiers, de sa voix en aigre fausset :

« Convenez, mon cousin, lui dit-il, que voilà, pour le moins, cent mille livres d'un précieux patrimoine honorablement dépensées, et que peu de seigneurs de la cour du roi, notre sire, ont fait plus royalement les choses ? Encore si vous aviez été ce qu'on appelle un homme heureux ; si la dame avait reconnu tant de services par un brin de tendresse, et qu'elle vous eût honoré d'un peu de respect devant tout ce monde attentif à lui plaire, eh bien ! nous nous consolerions de nos terres engagées, de nos champs de blé à la criée et de nos vignes en décret. Vive la joie ! *Et courte et bonne !* O vie humaine, voilà ta devise.

Mais à peine avez-vous régné, pour votre argent, vingt-quatre heures dans ce cœur d'auberge et d'hôpital, à peine un sourire de bon aloi.

« Sitôt que, grâce à vous, cette bohémienne s'est vue en falbalas, en souliers neufs, sitôt qu'elle eut échangé ses guenilles contre les rares ajustements de la reine de Cappadoce, elle a couvert de ses mépris son jeune bienfaiteur. Ce soir encore, au moment où les regards de cette troupe et de cette bourgade étaient fixés sur elle, elle n'avait des yeux que pour les soudars du parterre, et pour leur aimable colonel.... Chacun, devant tous, sitôt qu'elle était en scène, était le bienvenu à lui faire une déclaration galante ; et toi seul, mon pauvre enfant, tu n'avais pas un regard de ces beaux yeux qui te coûtent si cher ! Bien plus, quelle pitié, j'ai presque dit quelle honte, pour toi, de penser que M. le marquis de Sassenage, le premier marquis de la province, a passé tour à tour, ce même soir, de la reine à la soubrette, de Guillemette à Rosalinde, allant de l'une à l'autre, à son caprice, jetant et reprenant son mouchoir, au hasard !

« Maintenant, vaincu de toutes parts, abandonné par ta chère comédienne, et supplanté par ton ami le marquis, tu t'en viens péniblement coucher sur un lit dur, sous le toit d'un chevalier ruiné par les guerres et par les passions. Tu fais bien, c'est très-sage ; et que diable irais-tu chercher chez l'hôtesse de la *maison blanche ?* Elle soupe, elle chante, elle boit à plein verre, elle rit à gorge déployée ; elle a jeté un regard dédaigneux sur tes meubles, tes satins, tes colliers, tes dentelles ; elle se moque, avec le premier venu, des fredaines galantes du petit Vivès. Mais j'ai tort de parler ainsi ; viens te coucher, Henri, et boire un grand verre d'eau fraîche à la santé de la belle Rosalinde et de ton vieux cousin des Aubiers. »

Voilà comme il parlait ; chacune de ses paroles entrait comme une pointe acérée en cette âme irascible ; et le jeune homme, ayant tourné bride : « A demain ! » dit-il au des Aubiers qui riait en son par-dedans.

En moins d'un quart d'heure, il était à la *maison blanche;* il savait le secret de la porte, il l'ouvrit et la refermant sans bruit, il monta l'escalier d'un pas calme, et trouva Rosalinde seule, assise dans un fauteuil, la tête penchée et les bras languissants. Elle avait conservé sa parure, elle était toute semblable à la comédienne attendant sa réplique, et qui songe à l'effet qu'elle va produire.... Au bruit que fit le baron, elle se retourna déjà souriante, et pensant au marquis de Sassenage.

« Ah ! c'est vous ? fit-elle à l'aspect du jeune Vivès, avec l'air du plus souverain mépris. » Sans rien ajouter, elle retomba dans sa langueur. C'était vraiment une femme étrange, et qui, depuis sa quinze ou seizième année, avait renoncé à toute espèce de jeunesse et de loyauté. Elle était simplement perfide; elle en convenait volontiers, même avec son amant de la matinée; et quand elle l'avait bien prévenu qu'elle était un corps sans une âme, elle se croyait quitte avec toute espèce d'aventure. A peine elle avait sauvé de ce naufrage un certain sentiment de la comédie, et ce violent désir qui la tenait de plaire à la foule, en la méprisant. Certes la soirée avait été pour elle une suite cruelle et charmante d'espérances et de déceptions, de défaites et de triomphes ; elle s'était crue un instant la maîtresse de ce brillant marquis de Sassenage.... Encore une heure ou deux de solitude et de silence, elle eût oublié le marquis comme elle avait oublié le baron de Vivès. — Sur le front du sphinx était écrit le mot : « Mystère!... » il était écrit sur le front de Rosalinde.

Henri la contempla longtemps, sans mot dire; il cherchait à s'expliquer sa propre fascination. Voilà donc la femme pour laquelle il s'était plongé dans ces abîmes ! C'était donc pour cette beauté douteuse et sans lendemain, qu'il avait perdu, comme un insensé, la maison de Vivès! — Où donc étais-tu, ma conscience, et que faisiez-vous, mes yeux, pour vous laisser prendre à ces tristes piéges? Telles étaient les amères réflexions du jeune homme.... A coup sûr, son orgueil eût tué cette femme s'il l'eût rencontrée avec quelqu'un de ces amoureux qui la poursuivaient de leurs regards; maintenant qu'il la trouvait seule, abandonnée, et sur elle-même affaissée, il n'avait plus assez d'amour même pour la plaindre, et c'était tout au plus si la dame lui faisait pitié.

« Oui, c'est moi, reprit-il, ne craignez rien ; je veux respecter votre abandon, et tout au plus jusqu'au petit jour, qui n'est pas loin, je troublerai votre solitude. Ainsi pas de reproches ; d'ailleurs, vous m'avez averti. Rendez-moi seulement, j'ai le droit de l'exiger, vous laissant tous ces bienfaits inutiles, l'anneau que vous m'avez pris le lendemain de notre première rencontre. Il le faut. A cette humble pierre est attachée, on le dirait, ma destinée, et rien ne m'a réussi depuis que je l'ai perdue.

« Ainsi rendez-la-moi, madame, et nous sommes quittes. »

Comme elle hésitait à répondre, il s'empara violemment de sa main droite : alors il reconnut le célèbre rubis du marquis de Sassenage qui avait remplacé le frêle anneau des barons de Vivès. Sans mot dire, il rejeta cette main vénale. « Au fait, dit-il, je suis insensé avec mes visions. » Et, se plongeant dans un fauteuil, il se couvrit du manteau de Rosalinde et s'endormit. L'ironie et le mépris s'étaient emparés en maîtres souverains de ce charmant visage, où l'adolescence avait jeté toutes ses grâces, avril toutes ses clartés, le mois de mai toutes ses fleurs. Rosalinde, à contempler cette noble tête dont la pâleur était relevée à plaisir par la pourpre de son manteau, eut un certain tressaillement intime, assez semblable au rémords. Peu s'en fallut qu'elle ne s'agenouillât en demandant pardon à ce malheureux qu'elle avait fait. « Bah! dit-elle, à quoi bon le réveiller!... »

Elle ôta les fleurs de sa tête, elle dégrafa son corsage entr'ouvert, elle se défit de ses jupes lascives, elle regarda longtemps au miroir ses bras nus, son sein nu, sans songer que le jeune homme, à tout hasard, pouvait se réveiller, et, déchaussée, elle se retira dans sa chambre à coucher, laissant la porte ouverte.... uniquement par habitude.... et lasse, elle s'endormit du sommeil des comédiennes, après la vingtième représentation du rôle qu'elles savent le mieux.

XX

E lendemain de ce dernier jour de ses folies, une heure avant le réveil de sa grand'mère, Henri de Vivès rentrait dans le château paternel. Déjà les serviteurs de cette antique maison préparaient toutes choses pour le départ de leur vieille dame et de leur jeune maître. Il s'agissait de les conduire au bateau qui les attendait sur le bord du fleuve, et les devait déposer sur le rivage, où Mme la douairière des Aigues-Vives avait conservé, de son chef, une maison encore habitable et quelques vignobles, dont le produit devait désormais leur suffire.

Tout était prêt. On avait entassé dans le bateau les meilleurs effets à l'usage de ces deux exilés, et bien qu'ils n'eussent pas dit encore qu'ils partaient, sans espoir de retour, les larmes étaient dans tous les yeux, l'attendrissement sur tous les visages. La dame fut portée en chaise jusqu'au bateau ; Henri se plaça près d'elle, et parut content de retrouver ses meilleurs livres qu'une main bienveillante y avait déposés. Les bateliers, la rame en main, étaient impatients de partir ; il pouvait être en ce moment sept heures du matin. « Adieu, madame ! adieu, monseigneur ! » s'écriaient les vignerons qui ne comprenaient rien encore à cette fuite ; et bientôt la barque, obéissant au flot qui la porte, suivit le cours de l'eau profonde. Il fallut passer devant le bourg des Aigues-Vives, sur lequel la douairière avait régné d'un règne heureux et bienfaisant.

Elle salua d'un regard pieux la petite église où reposaient tant de cendres aimées.

puis elle chercha, sans doute pour le maudire, ce théâtre de malédiction que l'oncle Antoine avait élevé dans ce lieu, avant lui si paisible.... Il lui sembla, chose étrange, que le théâtre avait disparu ; mais si rapide était le Rhône en cet endroit, que déjà le bourg était dépassé.

Cependant le vent du nord s'élevait et poussait le frêle navire. Henri et sa grand'mère arrivèrent heureusement dans le port d'un petit village appelé le Saint-Esprit. Non loin de ce village, un pont s'élevait, qui reliait une rive à l'autre rive, et justement en cet endroit, les deux parties du fleuve, un instant divisées, se réunissaient pour n'avoir plus qu'un seul et même cours. De ce pont du Saint-Esprit, par un temps calme, on pouvait entrevoir la partie inquiétante du fleuve, aux eaux bleuâtres. Là s'arrêtait le remous d'un véritable abîme, signalé par bien des naufrages. Nos deux voyageurs étaient tristes et découragés en arrivant à cette destination nouvelle, celui-ci manquant de courage, et celle-là à bout d'espérance. Le paysage était morne, la maison sans ombre et le jardin dévasté. Peu de meubles, et pas un souvenir ; je ne sais quoi de sauvage et d'abandonné, surtout si vous le compariez à la douce et riante bourgade des Aigues-Vives, où la jeunesse avait posé ses tabernacles. Un grand silence entre la mère et le fils accabla soudain ces deux âmes, repentantes l'une et l'autre ; on eût dit, à les voir, deux condamnés retranchés de la société civile, qui n'attendent plus rien, ni de la terre ni du ciel.

A la même heure où cette barque emportait Henri de Vivès et sa fortune, on eût vu sortir de son logis le marquis de Sassenage, accablé des songes et des visions d'un sommeil pénible. Il y avait dans cette jeune tête et si frivole, une énorme confusion de tant de choses fugitives qu'il avait vues, qu'il avait senties ; son esprit était malade en ce moment, et faisait une étrange doute entre le rêve et la réalité, le vraisemblable et l'impossible. Il se demandait parfois s'il n'était pas le jouet d'un songe, et si vraiment il avait vu le fantôme ? Ou bien c'était un doute, en son cerveau lassé, de savoir s'il obéirait à la vision, s'il se rendrait à ce rendez-vous qu'elle avait imposé, de sa voix d'outre-tombe ? Il allait cependant chez M. de Virieu chercher un conseil, se proposant de déjeuner chez Rosalinde, lorsqu'au bout de la rue, et par le grand bruit que faisait ce vent terrible accouru du mont Pilat, il vit chanceler, était-ce encore une vision ? ce théâtre où, la veille encore, il avait vu s'agiter tant de passions diverses. Vraiment, et comme s'il eût obéi à quelque tremblement de terre, le théâtre, emporté par une force invisible, s'écroulait avec un bruit formidable qui retentit au loin.

« Le fantôme l'avait dit ! » pensa le jeune homme, épouvanté, plus de la prédiction, que de l'accident même.

Au bruit de cette masure anéantie, soudain les habitants, ceux qui étaient réveillés, ceux qui dormaient encore, se précipitèrent hors de leur maison pleins d'angoisses, et c'étaient des cris, des étonnements, des plaintes ! Surtout ces malheureux comédiens, privés de leur théâtre, accouraient dans un grand désordre, et Rosalinde et Guillemette, à peine vêtues, contemplaient cette ruine de leurs espérances. « Qu'on sonne aussitôt le boute-selle ! » s'écria M. de Sassenage au lieutenant Belleporte.

On vit alors ces hommes de guerre, accourus au spectacle de ce grand désordre, se hâter chacun à sa monture, et deux heures après, par le sentier qui menait du côté de Grenoble, chaque officier à son poste, ce glorieux régiment qui se promettait huit jours de repos dans cette oasis, s'en allait tristement, sans entendre un cri d'adieu dans ce même village où sa venue avait été acclamée avec tant de joie.

Assis sur les pierres de leur théâtre

écroulé, comédiennes et comédiens, effarés de cette ruine inexplicable, étaient assez semblables aux Hébreux sur les bords de l'Euphrate, et pleurant les remparts qu'ils ont perdus. Resté seul de tant de gens, et tout prêt à les rejoindre, on eût pu voir M. de Sassenage attendre impatiemment que l'heure de midi fût proche.... Elle sonnait encore, que déjà il était en faction sur la rive désolée. A la place indiquée par le fantôme, un vieil homme était assis sur une roche, et rien n'apparaissait dans le lointain.

Le fleuve était rapide et profond ; le flot plein d'écume, et le courant verdâtre allaient roulant un grand bruit. Même au nouveau venu, ignorant du danger, il était facile de le pressentir ; non pas que l'on vît encore le tourbillon, mais on entendait de très-loin ses mugissements.

« Monsieur, dit le vieillard au jeune homme, on dirait que vous êtes attiré comme moi par cet abîme ! Il y a quarante ans que je l'écoute, et que je viens chaque jour frémir à la même place. »

En même temps le vieillard expliquait à M. de Sassenage qu'il était le passeur d'une rive à l'autre, et qu'il attendait sa barque, en s'étonnant qu'il ne l'eût pas encore aperçue.

« Il y a donc vraiment un très-grand danger, reprit le marquis, à traverser le fleuve, de la place où nous sommes?

— Non pas à le traverser, reprit le vieux passeur, mais le danger sans ressource, à coup sûr, ce serait d'aller au fil de l'eau, jusqu'à ce vieux saule, agité de la base au sommet par le vent qui souffle et l'eau qui gronde. Au delà de ce malheureux arbre, on serait pris par le vertige, on serait emporté par le tourbillon, et je ne crois pas qu'une force humaine ait jamais suffi à remonter ce torrent. J'avais vingt ans, j'ai vu disparaître, en ce même endroit, un jeune homme emporté comme la feuille au vent du nord. Si pourtant la barque était assez heureuse pour franchir, sans y tomber, ce trou funeste, elle irait se briser, à six lieues d'ici, contre les arches du pont qu'ils ont bâti là-bas. Mais tenez, voici la barque! » Et la barque, en effet, qui venait de plus haut, se montra dans le lointain, conduite habilement par un rameur encore invisible. Le travail de la rame, en ce moment, c'était non de pousser le bachot en avant, mais de le retenir, et de le diriger juste à l'endroit où l'attendaient le jeune homme et le vieillard.

« Remarquez, monsieur, disait celui-ci à celui-là, que ces rames sont bien tenues, que cette marche est égale, et quel coup d'œil la dirige. Ah bien, voici qu'elle arrive!... » Et soudain voici que la barque ayant touché le rivage, le vieillard se précipita pour la retenir.

Au grand étonnement du marquis, la barque obéissait, non pas comme il l'avait cru d'abord, à quelque vigoureux batelier du Rhône, mais tout simplement à une frêle enfant, aux bras nus, quelque peu hâlés par le soleil, dont la tête était cachée à demi par un vaste chapeau d'une paille rustique. Et pendant que la barque était arrêtée, l'enfant se leva, puis d'un geste impérieux elle fit signe au jeune homme d'entrer là, et de s'asseoir vis-à-vis d'elle. Sassenage, à son geste, à son regard, la reconnut, et sans mot dire, il obéit. Elle, alors, d'un coup de rame, elle regagna le milieu du fleuve, s'inquiétant fort peu du vieillard, qui criait : « Prends garde, attends-moi, tu vas te perdre ! » Elle était impassible, et sa rame, indifférente, effleurait à peine l'onde horrible qui l'emportait.

Cependant, le jeune homme, après un étonnement de quatre ou cinq minutes, avait compris le danger de cette étrange navigation.

« Femme ou fantôme, apparition, batelière, énigme, enfin qui que tu sois, que me veux-tu ? » s'écria le jeune colonel.

A ces mots, elle jeta dans le fleuve le chapeau dont sa tête était couverte, et le fleuve emporta furieux cette épave.

« Ainsi, nous irons, dit-elle, toi et moi dans les abîmes, si tu ne me rends à l'instant même l'anneau que tu portes à ton doigt. »

Elle disait cela d'une voix ferme, et ses longs cheveux enroulés à son cou, sur son front, lui donnaient l'air d'une inspirée.

« Ah! madame, reprit Sassenage, vous avez trouvé là un mauvais moyen pour obtenir de ma complaisance un présent que je vous aurais donné volontiers, en échange d'un sourire. Allons, vous le voulez, allons ensemble aux enfers; je n'y saurais aller en meilleure compagnie. »

Il disait cela en vaillant homme, en galant homme, admirant cette beauté sévère, et cependant il voyait, se rapprochant à chaque instant, le vieux saule, à la limite extrême où le tourbillon commençait.

Toujours en silence, allait le fantôme, étudiant le regard du jeune homme, afin d'y surprendre un peu de crainte ou de pitié. Rien ne s'y montrait que l'admiration de ce grand courage uni à cette jeunesse, à cette beauté. Cependant l'abîme attirait la nacelle, et déjà plus violente grondait et menaçait l'onde irritée ; encore un instant, le vieux saule était dépassé, la barque était perdue ! Adieu le jeune homme, adieu son guide.... Holà !. rien ne se montrait sur le visage hardi du jeune colonel.

Elle alors, vaincue par tant d'audace, elle remonta d'un effort surhumain, le courant qui l'entraînait.

« Monsieur, dit-elle, hâtez-vous, et vous accrochez aux branches de cet arbre, ou vous êtes mort. »

Il prit la branche, et, retenant la barque par sa chaîne :

« Avouez, dit-il à la batelière, que je n'ai pas tremblé.

— J'en conviens, dit-elle, et ses yeux se remplirent de larmes.

— Eh bien ! maintenant que je suis à l'abri du soupçon, voici ma bague ! » Et la tirant de son doigt, il l'offrit à la fée, en lui prenant la main pour l'attirer à lui; mais la chaîne et la bague et la main échappèrent à son étreinte, et le fleuve, en même temps, brisant les rames, emporta la barque avec un cri de triomphe.... et tout disparut dans le lointain !

Sassenage, ébloui, se demandait si vraiment il était sur la terre ? Il cherchait à s'expliquer cette troisième apparition, qui se terminait d'une façon si funeste. « O menteur que je suis, se disait-il, de soutenir que je n'ai pas eu peur! » Il remonta, comme il put, jusqu'au lieu où le vieux passeur se tenait tout rêveur, et, dans ses deux mains, qui lui servaient de porte-voix, il appela, pour que celui-ci le vînt prendre et le ramener sur l'autre bord.

Cela prit du temps; il fallut trouver une autre barque, et surtout raconter au vieillard comment la passerelle était perdue. — Elle était si brave et si légère, disait le vieillard. C'était l'enfant du Rhône ! Il la

portait avec tant d'orgueil et de tendresse !
On n'a jamais vu aviron plus léger dans
une main plus légère! Elle allait, elle
venait souriante ! Et quand j'étais malade, elle prenait ma place, et ramait pour
moi. Dieu la conduise, et Dieu me pardonne !...

Il disait ces louanges entremêlées de
sanglots, comme un malheureux qui ne
veut pas être consolé.

Ce ne fut que sur les cinq heures du soir
que le colonel du Royal-Dauphinois se mit
en route pour rejoindre son régiment.
Comme il traversait pour la dernière fois
cette grande rue où s'étaient passées en si
peu d'heures tant d'aventures, il rencontra le chariot qui emportait à la prochaine
étape, et du côté de Paris, la comédie et les
comédiens.

« Adieu, mes rêves, leur dit-il, que
l'esprit vous conduise !

— Adieu, mon maître, répondirent Rosalinde et Guillemette. Et qu'avez-vous fait de l'anneau que vous m'avez pris ? disait Rosalinde.

— Il est dans les abîmes, avec mes amours ! » répondit Sassenage en piquant des deux.

Tels furent, des deux parts, ces adieux, sans regrets et sans tendresse. Comédiens et soldats, ils n'en savent pas davantage. Amis du changement, nos comédiens avaient oublié déjà ces fortunes si diverses. Sur le devant du carrosse, et se tenant par leur taille élancée et svelte, étaient assises, nonchalantes, les deux rivales, redevenues les deux amies, Guillemette et Rosalinde.

« Hélas ! disait Guillemette en contemplant les débris de sa gloire d'un jour, nous avons fait un beau rêve !

— Ah ! disait Rosalinde en jouant avec ses perles, es-tu jeune, et que je m'ennuie à rêver ainsi ! »

Armé de sa guitare, Ragotin chantait une chanson narquoise, pendant que Fier-à-

Bras, sur la route, allait à pied, le mousquet sur l'épaule et la plume au vent.

A peine en ce village, dont il avait été la joie et la fête, si quelques adieux se firent entendre autour de ce bohémien, que rien n'étonnait dans sa défaite, pas même de trouver que le genre humain était un ingrat.

Délivrés de ces délires, les habitants de la petite cité s'empressèrent de balayer les débris de leur théâtre; ils applaudissaient maintenant à sa ruine, autant qu'ils avaient applaudi à sa construction. « Nous ne sommes pas de force à porter tant de plaisir, » disaient ceux-ci.

Les artisannes se disaient :

« Si nous voulons trouver un bon garçon qui nous épouse, revenons vite au travail de chaque jour.... »

Et tout rentra dans le repos.

XXI

Depuis déjà vingt-quatre heures que notre héros, le baron de Vivès, s'était retiré dans cette maison déserte, où rien n'était vivant et ne valait un souvenir, le jeune homme, impatient de ce triste repos, comprenait à chaque instant, qu'il manquait de force et de courage à supporter cet isolement et cet ennui pleins de remords. Comme il déplorait sa vanité, son orgueil et ces quelques jours de démence! Comme il regrettait le talisman, son guide et son ami!

— Si je l'avais gardé, se disait-il, si j'en avais cru la belle fée et ses conseils, j'aurais sauvé ma jeunesse et ma fortune. Il n'y aurait pas en ce monde un esprit plus libre, une âme plus contente, un cœur plus heureux. Grâce à ma chère opale éclatante, attristée, en pleine lumière, ou doucement voilée, il n'y avait plus d'obstacle à ma vie, et je marchais d'un pas ferme à travers les plus difficiles sentiers.

Malheureux que je suis, je l'ai perdue; ingrat que je suis, je l'ai donnée! A qui donnée? A cette infâme comédienne, enfant de la bohême errante. Elle a vendu ma bague.... elle l'eût jetée à quelque don Juan de sa compagnie; et moi, désarmé, vaincu, dépouillé, je suis en proie à la honte, à la ruine, et j'entraîne en ces abîmes ma vieille aïeule! Allons, c'en est fait, plus d'espérances et de lumières, et plus d'avenir. Je suis maudit!

Ainsi l'infortuné s'abandonnait à sa désespérance; il ne savait plus que la mort qui le sauvât de la honte. On voyait bien qu'il n'avait plus de guide ici-bas.

Dans sa douleur, il avait gagné ce coin du rivage en saillie, où s'élevait la maison de sa grand'mère, et, d'un coup d'œil plein de fièvre, il embrassait le vaste espace. Il interrogeait l'abîme en l'invoquant. Tout à coup, dans le lointain, il aperçut, ardente et rapide autant que la flèche obéissante à l'arc d'un habile archer, une petite barque emportée au gré du torrent. La barque allait rapide autant que le gouffre; sur le gouffre, elle tourna trois fois, et trois fois elle échappa à l'étreinte.

Enfin, plus forte que ce flux et ce reflux, elle fut rendue au torrent, et vint se briser contre une des arches de ce pont du Saint-Esprit que le baron de Vivès avait traversé la veille. A ce terrible aspect, il se sentit pris d'une épouvante indicible, et, se précipitant dans le fleuve, il en retira, mourante, cette ombre qu'il avait à peine entrevue au passage. Elle était pâle, de la pâleur de la mort; ses longs cheveux retombaient inanimés de chaque côté de sa joue;

elle retenait de sa main gauche les plis de
ses chastes vêtements; elle avait ramené sa
main fermée sur son cœur.... son cœur
qui ne battait plus. Elle s'était blessée à la
tête, et le sang vermeil coulait de sa blessure. Il la prit comme on saisit une proie,
et dans ses deux bras il emporta cette frêle
victime. Il la contemplait, en se disant :
« Voilà ma fée ! »

Au-devant de son petit-fils accourait,
chancelante, la douairière des Aigues-Vives,
et dans son transport : « Ah ! Jeannette !
Ah ! ma fille, est-ce toi ? » Et forte, à cette
heure, elle s'emparait de cette tête charmante. Ainsi fut transportée, en cet humble
logis, l'enfant modeste et cachée, qui sauvait
la fortune et l'honneur de cette maison.

Grâce au ciel, elle n'était pas morte.
Elle revint même assez vite à la douce lumière; elle reconnut de son premier regard
la bonne dame, qu'elle appelait sa tante,
et, de son premier sourire, elle salua le
jeune homme agenouillé à son chevet,

qu'elle appelait son maître. Alors, dégageant sa main des mains du jeune homme, elle lui montra la douce opale éclatante de mille feux.

« O ma fée, ô mon gardien ! Te voilà donc, je te retrouve, et, désormais, je ne te quitte plus ! s'écriait Henri de Vivès. — O ma mère ! bénissez-moi, bénissez-nous ! J'ai retrouvé ma vertu, ma gloire et mes amours. »

Ces trois braves gens restèrent toute une semaine en ces extases ; ils ne pouvaient se contenter de se voir, de se parler, et de regarder ensemble le gouffre vaincu par tant de jeunesse et de courage. « A présent, mon cher enfant, disait la dame, il faut nous pardonner, Jeannette et moi, si, pour venir à ton aide, nous avons invoqué cette innocente sorcellerie.... En fait de talisman qui conseille et qui réprimande, il n'y en a pas d'autre, ô mon fils, que le bon sens et la conscience. Qui veut être sage, et qui veut être heureux, c'est son âme qu'il interroge, et son esprit qu'il écoute. L'opale est sombre ou gaie, au gré de ton humeur triste ou contente; elle te loue, elle te blâme, à condition que ta louange ou ton blâme, avec toi tu les portes. Notre tort, c'est d'avoir douté pour ton âme honnête et si jeune, de l'autorité toute-puissante du devoir.

Ils causèrent ainsi sans cesse et sans fin, revenant sur toutes ces aventures si pénibles, et qui se terminaient d'une façon si charmante. Ils ne pouvaient se rassasier de s'entendre et de se voir l'un et l'autre.... et Jeannette entre Henri et sa grand'mère, attentive à leur bonheur.

« Ah Jeannette! ah ma fée! avant peu, grâce à vous, j'achète avec ce qui me reste, une charge d'avocat général au Parlement de Grenoble, et je vais m'asseoir sur les fleurs de lis où se sont assis mes ancêtres! » s'écriait Henri de Vivès.

Pendant qu'ils arrangeaient ainsi leur vie à venir, le chevalier des Aubiers et

Durbec, son voisin, causaient entre eux en bons camarades :

« Vous êtes donc toujours furieux contre les seigneurs de Vivès? disait des Aubiers.

— Non, reprenait Durbec, à présent que je les tiens, eux, leurs domaines et leur petit-fils, ma colère est partie, et je me contente de ma vengeance.

— Prenez garde, ami Durbec, reprit le chevalier, on ne se venge pas sur son petit-fils, et tout père frappe à côté. »

Alors il expliqua d'une façon nette et vive à ce malheureux, que sa fille, séduite par l'oncle Antoine, était mariée avec l'oncle Antoine.

« Oui, monsieur Durbec, bien et dûment mariée, et je suis un des témoins de ce mariage. »

A cette découverte inattendue, l'usurier poussa un grand soupir d'allégeance, une larme brilla dans ses yeux.

« Au fait, dit-il, après un long silence, ce misérable a tué ma fille, et c'est justice que je chasse, à mon tour, son propre neveu de sa seigneurie.

— Et comment ferez-vous, s'il vous plaît, monsieur le vengeur, pour châtier le plus proche parent de votre petite-fille, une enfant de votre fille, et de ce terrible oncle Antoine? Plus d'une fois, sans savoir et d'où venait votre intime émotion, cette enfant élevée chez moi et chez sa tante, la douairière des Aigues-Vives, ce doux lutin qui allait et venait de la cabane au château, de la colline au rivage, esprit familier du vignoble et de la prairie, vous l'avez regardée avec des yeux tout paternels. C'était la voix du sang qui parlait au fond de votre âme endurcie.

— Ah! mon Dieu, s'écria l'usurier, ma misère est à son comble! Hélas! cette enfant de ma fille elle est morte aussi ; elle a voulu rejoindre, au péril de ses jours, la douairière et son fils. Je l'ai vue passer, moi qui vous parle, et disparaître au fond des eaux.... Hélas! malédiction sur moi!

malédiction sur Antoine et sur sa race! Elle est morte, elle est morte, la pauvre enfant! Vous cependant, monsieur le chevalier, quel rôle avez-vous joué en tout ceci?

— J'ai joué, monsieur Durbec, le rôle d'un bon génie avec toutes les apparences d'un conseiller perfide. Il entrait dans mes projets de montrer à ce jeune insensé, le dernier espoir de notre race, à combien peu de chose, ici-bas, tiennent la fortune et l'honneur d'une maison. J'avais besoin de vous, maître Durbec, pour m'aider à le perdre, et je comptais sur Jeannette, votre petite-fille, pour le sauver. Rassurez-vous, cependant, sur les destinées de cette enfant. Elle a voulu rapporter, par un sentier voisin des enfers, à son cousin Henri de Vivès, le talisman qu'il tenait de sa main féerique. Elle est sauvée, elle est heureuse, elle est aimée, et demain la grand'-mère et la fée et le jeune homme arriveront dans un petit chariot couvert.

« Allons, courage, ami Durbec, et montrez-vous digne en effet d'être un bon père. Avec ces papiers que vous tenez là, précieusement enfouis, vous rachèterez le douaire de la fille que vous avez perdue, et tous les droits de la petite-fille sur les biens de sa mère. Allons, maître, un bon mouvement; pleurez de toute votre âme, et laissez-vous être heureux. »

Par une belle soirée, au moment où le jour tient à peine au ciel et va disparaître, arrivait le petit chariot qui renfermait la douairière et les deux fiancés. Tout le village, et Durbec en tête, attendait la seigneuresse et le jeune seigneur, sur l'emplacement où naguère se dressait le theâtre, et la dame en joignant les mains, remercia la toute-puissance qui avait remplacé ces murailles malfaisantes par une croix rustique. Elle s'agenouilla sur les marches de la croix, et l'entourant de ses deux bras, comme pour mieux s'assurer du miracle, elle la baisa de tout son cœur.

Durbec, à genoux, demanda à cette dame austère la permission d'embrasser.... sa petite-fille, et Jeannette avec la meilleure grâce du monde, sauta au cou de son vieux grand-père. On ne vit jamais pareil concours de visages radieux. Tout fut pardonné, tout fut oublié, et quand arriva enfin le jour où le baron de Vivès conduisit Jeannette-Antoinette de Vivès dans la petite église, aux chants des cantiques, au son des orgues, le jeune homme tira de son sein une bague en opale, qu'il passa au doigt de sa fiancée.

Il lui disait d'un seul regard : Prenez-la ! je vous la donne ! Il n'est plus besoin de ce talisman pour que je sois heureux et sage...; gardez-le pour le hochet de notre premier-né, vous serez désormais ma justice, ma conscience et mon conseil.

FIN.

8548. — IMPRIMERIE GÉNÉRALE DE CH. LAHURE
Rue de Fleurus, 9, à Paris.

LIBRAIRIE L. HACHETTE ET Cie
BOULEVARD SAINT-GERMAIN, 77, A PARIS

NOUVELLE COLLECTION DE ROMANS
FORMAT IN-18 JÉSUS
A 3 FRANCS LE VOLUME

Achard (Amédée). Les Coups d'épée de M. de la Guerche. 2 vol.
— Le Duc de Carlepont. 1 vol.
— Les Fourches caudines. 1 vol.
— Madame de Sarens. 1 vol.
Barbara. Ary Zang. 1 vol.
Bell (Georges). Ethel. 1 vol.
Berthet (Élie). Les Catacombes de Paris. 2 vol.
— Le Juré. 1 vol.
— Les Houilleurs de Polignies. 1 v.
Braddon (Miss M. C.). OEuvres traduites de l'anglais avec l'autorisation de l'auteur, par Ch. Bernard-Derosne (*Aurora Floyd* est traduite par Mme Bernard-Derosne). 15 vol.
    Chaque roman se vend séparément :
    Aurora Floyd. 2 vol.
    Henry Dunbar. 2 vol.
    Lady Lisle. 1 vol.
    La Trace du Serpent. 2 vol.
    Le Capitaine du *Vautour*. 1 vol.
    Le Secret de lady Audley. 2 vol.
    Le Testament de John Marchmont. 2 vol.
    Le Triomphe d'Éleanor. 2 vol.
    Ralph, l'intendant. 1 vol.
Chancel (Ausone de). Le Livre des Blondes. 1 vol.
Deslys (Charles). L'Héritage de Charlemagne. 1 vol.
— La Majorité de Mademoiselle Bridot; la fille du rebouteur. 1 vol.
Dickens (Charles). Les Grandes Espérances, roman traduit de l'anglais. 2 vol.
Douglas-Jerrold. Sous les Rideaux, traduit de l'anglais. 1 vol.
Énault (Louis). En Province. 1 vol.
— Irène ; — Le mariage impromptu ; Deux Villes mortes. 1 vol.
— Olga. 1 vol.
Erckmann-Chatrian. L'ami Fritz. 2e édit. 1 vol.

Fabre (Ferdinand). Mademoiselle de Malavieille. 1 vol.
Féval (Paul). Les Habits noirs. 2 vol.
— Cœur d'acier. 2 vol.
— Annette Laïs. 2e édit. 1 vol.
— Roger Bontemps. 1 vol.
— Les Gens de la noce. 1 vol.
Forgues (E. D.). Austin Elliot. 1 vol.
— Sandra Belloni. 1 vol.
Frémy (Arnoult). Les Batailles d'Adrienne. 1 vol.
Gaskell (Mrs). Les Amoureux de Sylvia, traduction de l'anglais. 1 vol.
Gautier (Th.). Caprices et zigzags. 3e édit. 1 vol.
Gonzalès (Emm.). L'Épée de Suzanne. 1 vol.
Hawthorne (Nathaniel). La Maison aux sept pignons. 1 vol.
James (Constantin). Toilette d'une Romaine au temps d'Auguste et conseils à une Parisienne sur les cosmétiques. 2e édit. 1 vol.
Janin (Jules). Les Oiseaux bleus. 1 vol.
— Le Talisman. 1 vol.
La Beaume (Jules). Colette. 1 vol.
Masson (Michel). Les Drames de la conscience. 1 vol.
Mouy (Charles de). Le Roman d'un homme sérieux. 1 vol.
Reybaud (Mme Charles). Valdepeiras. 1 vol.
Robert (Adrien). Le Combat de l'honneur. 2e édit. 1 vol.
Saintine (X.-B.). Jonathan le Visionnaire. 1 vol.
Serret (Ernest). Neuf Filles et un Garçon. 1 vol.
— Le Prestige de l'Uniforme. 1 vol.
Valrey (Max). Les Confidences d'une puritaine. 1 vol.

Imprimerie générale de Ch. Lahure, rue de Fleurus, 9, à Paris.

www.ingramcontent.com/pod-product-compliance
Lightning Source LLC
Chambersburg PA
CBHW070929230426
43666CB00011B/2371